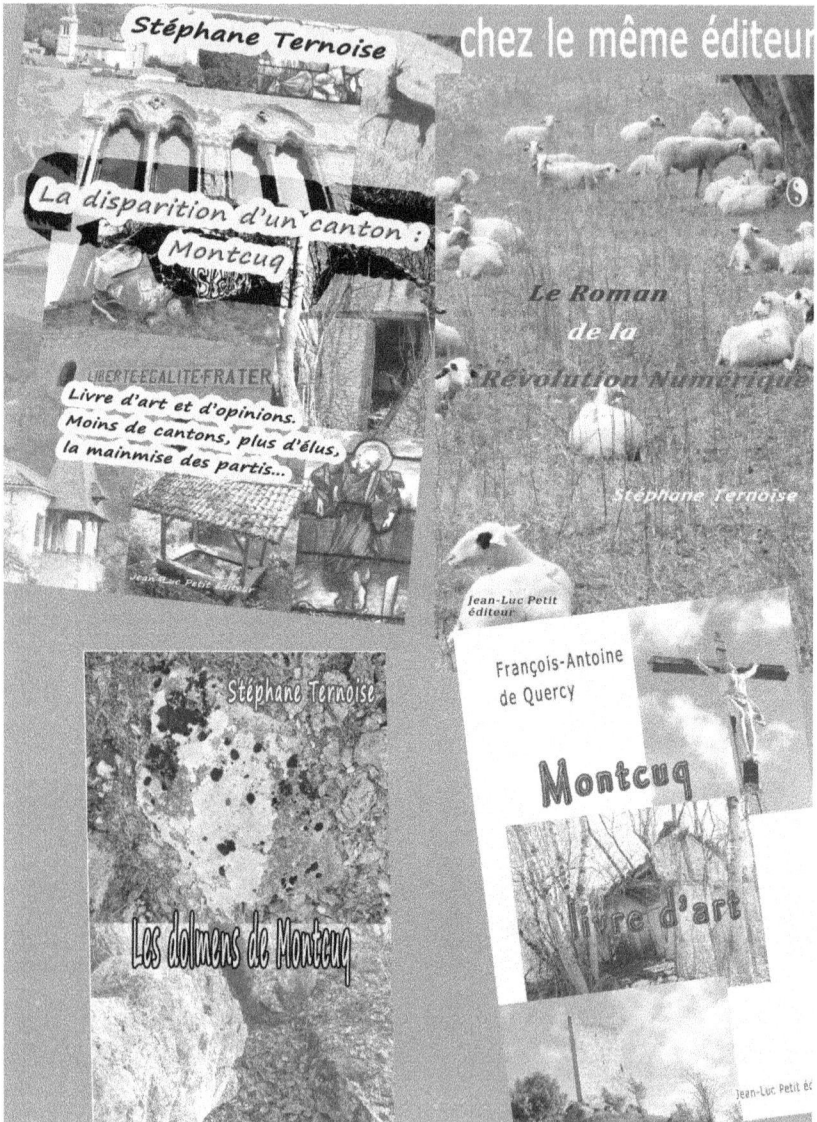

Les villages doivent disparaître !

Communes nouvelles 2015 ou fin de la ruralité

Du même auteur

Romans

Le roman de la Révolution Numérique
Ils ne sont pas intervenus (Peut-être un roman autobiographique)
La Faute à Souchon : (Le roman du show-biz et de la sagesse)
Quand les familles sans toit sont entrées dans les maisons fermées
Liberté j'ignorais tant de Toi (Libertés d'avant l'an 2000)
Viré, viré, viré, même viré du Rmi !

Théâtre

Neuf femmes et la star
Les secrets de maître Pierre, notaire de campagne
Ça magouille aux assurances
Chanteur, écrivain : même cirque
Deux sœurs et un contrôle fiscal
Amour, sud et chansons
Pourquoi est-il venu :
Aventures d'écrivains régionaux
Avant les élections présidentielles
Scènes de campagne, scènes du Quercy
Blaise Pascal serait webmaster
Trois femmes et un Amour
J'avais 25 ans
« Révélations » sur « les apparitions d'Astaffort » Brel / Cabrel

Théâtre pour troupes d'enfants

La fille aux 200 doudous
Les filles en profitent
Révélations sur la disparition du père Noël
Le lion l'autruche et le renard,
Mertilou prépare l'été
Nous n'irons plus au restaurant

* extrait du catalogue, voir www.ternoise.net

Stéphane Ternoise

Les villages doivent disparaître !

Communes nouvelles 2015 ou fin de la ruralité

Sortie : 10 mai 2015

Jean-Luc Petit éditions - Collection Politique

© **Jean-Luc PETIT - BP 17 - 46800 Montcuq France**

M. Jean-Pierre Bosino, au Sénat :

« *Comment imaginer que la réponse aux problèmes que rencontrent nos communes puisse être la suppression de ces mêmes communes ?* »
Séance du 15 décembre 2014.

La "commune nouvelle" ne souhaite pas piéger les villages

10 mai 2015... Oui, en référence "au 10 mai".

M. Alain Tourret : « *Nous savons que les Français aiment leur village, leur mairie, leur église et leur cimetière. C'est sans doute pour cette raison que le président François Mitterrand choisit pour slogan de sa campagne électorale de 1981 « La force tranquille », laquelle, en réalité, était la France tranquille. C'est cette France tranquille des 3 500 communes de moins de cent habitants et des 26 923 communes de moins de mille habitants qui assura l'élection de François Mitterrand. Il avait compris qu'elle se caractérisait par l'existence d'un lien social où chacun se connaissait, se reconnaissait, où les hommes, le dimanche matin, discutaient au café, jouaient à la belote ou au tarot, buvaient un café arrosé de calva – je parle de la Normandie (Sourires) –, faisaient leur tiercé, pendant que les femmes écoutaient religieusement leur curé. »*
Assemblée nationale, 31 octobre 2014.

Les villages doivent disparaître !

Il y avait urgence ! Dans une très grande discrétion, le 10 octobre 2014, le gouvernement engageait la « procédure accélérée » et le 16 mars 2015 était promulguée « *la loi relative à l'amélioration du régime de la commune nouvelle, pour des communes fortes et vivantes.* » Un quasi consensus politique (seuls M. Marc Dolez au Parlement et M. Jean-Pierre Bosino au Sénat ont ouvertement résisté) sans que les campagnes aient le temps de réagir, même d'être informées !

L'état diminue sa dotation et place les maires devant l'alternative : augmentation impopulaire des impôts ou fusion en "commune nouvelle"... avec dotation préservée durant trois ans...

Prétendre que le monde rural appartient au passé semble la solution la plus simple pour le rayer de la carte ! Circulez, la réforme concerne moins de 5% de la population ! Les parasites du pays ! Ils coûtent trop cher à la nation, nos bouseux ! Et si vous choisissez de vivre dans ce *no man's land*, vous devrez assumer : payer des impôts élevés et ne bénéficier d'aucun service public !

Une France d'intercommunalités d'au moins 20 000 habitants et de communes d'au moins 1000, serait plus efficace ?
Une France où 500 000 conseillers municipaux sont priés de délaisser leur occupation bénévole car "les femmes et les hommes politiques" vont gérer le

tout... naturellement au moindre coût !... Quant aux charges réductibles du genre contrats d'assurances, fournitures... une mutualisation suffisant, l'attaque contre les communes relève bien de l'idéologie... Le concept des grandes villes ayant échoué, il faut supprimer les villages !...

36 629 communes dont 13 056 "très peu denses" (moyenne de 14 habitants au km2) où vivent seulement 2,617 millions d'habitants (4,1% de la population du pays). On peut certes légitimement s'interroger sur notre organisation...
Mais faut-il regrouper ces communes, les inféoder "de force" (en douceur) à un vaste ensemble où le maire n'aura même jamais marché dans les rues éloignées ?
Un maire connaît son village... Un maire se doit de connaître "le plus possible" sa ville.
Que connaîtra de son territoire un méga maire ? Un peu comme le Président de l'intercommunalité ?
L'intercommunalité a échoué, devenant "un bazar paralysé" où se dilapide l'argent public (et s'entretiennent les bonnes relations entre notables), il faut donc inventer autre chose... Le mouvement, toujours du mouvement, c'est ainsi que les administrés perdent la tête et ne se mêlent pas des affaires trop compliquées pour leurs modestes connaissances... Et la vitesse, pour emporter la mise ! M. Alain Tourret l'avoua au Parlement le vendredi 31 octobre 2014 : « *Nous devrons faire preuve de beaucoup de courage et de ténacité, car la résistance des élus locaux, que l'on semble pour l'instant tenir pour négligeable, sera vraisemblablement très forte.* »

Puisse ce document y contribuer, participer au réveil démocratique...

Selon un sondage mis en avant par des notables, sept français sur dix seraient favorables au regroupement des "petites communes". Vilain villageois du Quercy, laissez donc députés et sénateurs suivre l'opinion largement majoritaire ! Mais il s'agit d'un sondage réalisé pour "*Maires de grandes villes*" et les avis favorables semblent surtout provenir des citadins. Oui, nous sommes moins nombreux... donc devons nous taire ? Ne pourrait-on pas nous demander notre avis et le respecter ? Quel conseil municipal fut élu en 2014 avec un programme de mariage de sa commune ? Un vote local apparaît nécessaire... La loi essaye de l'éviter...

Stéphane Ternoise
http://www.ruraux.com

70% du pays favorable à la fusion des petites communes...

Le résumé « selon un sondage TNS Sofres, sept français sur dix sont favorables à la fusion des petites communes » essaye parfois de justifier la "proposition de loi".

Certes, les sondages se manipulent facilement... et les conclusions témoignent le plus souvent de l'attente de l'orateur...

Alors, quelle était la question et la réalité des réponses ? Et du sondage.

Sondage effectué pour : *"Maires de grandes villes."*
Dates de réalisation : du 13 au 16 septembre 2013.
Enquête réalisée en ligne auprès d'un échantillon de 1 000 personnes, représentatif de la population française âgée de 18 ans et plus.
Méthode des quotas (sexe, âge, profession de la personne de référence, région, taille d'agglomération)

« Le jugement sur le regroupement des petites communes entre elles

Question : Il y a actuellement 36 000 communes en France, dont un très grand nombre de moins de 1 000 habitants. Certains proposent de regrouper les petites communes entre elles pour former des communes plus importantes. Vous-même, que pensez-vous de cette proposition ? Etes-vous :

Très favorable à cette proposition 24
Assez favorable 44
Assez défavorable 20
Très défavorable à cette proposition 12 »

Soit en conclusion :
Total favorable 68
Total défavorable 32

http://www.grandesvilles.org/sites/default/files/actualites/%5Bfield_classem ent-raw%5D/les_francais_et_leur_maire_pdf_56287.pdf

Le "courrier des maires" semble avoir consulté plus de données. Il résume :
« 68% des sondés se disent favorables (dont 44% assez favorables) au regroupement des petites communes « pour former des communes plus importantes ». Le pourcentage est plus faible chez les résidents des communes de moins de 1 000 habitants : 55% d'avis favorables, 45% d'avis défavorables. »

http://www.courrierdesmaires.fr/23538/municipales-2014-la-securite-priorite-numero-1-dans-les-grandes-villes-selon-un-sondage/

Et si l'on posait la question aux habitants des communes de moins de 500 habitants ?

Combien de ruraux reste-t-il ?

« Aujourd'hui, selon l'INSEE, 95 % des Français vivent dans des communes sous influence urbaine, parmi lesquels 65 % dans un pôle urbain et 30 % dans les espaces périurbains, soit, respectivement, plus de 42 et 19 millions de personnes. Les Français ne sont plus que 5 % à habiter des communes en dehors de l'influence des villes. »
Document du *COMITE INTERMINISTERIEL aux ruralités* du 13 mars 2015, préfacé par Sylvia Pinel, Ministre du Logement, de l'Égalité des territoires et de la Ruralité.

Le 15 avril 2015, lors d'une petite éclipse d'information durant leur grande grève, au journal de 9 heures de *France*-Inter, Estelle Schmitt présentait l'enquête publiée par l'INSEE "*la France et ses territoires*" :
« ... On y apprend d'abord, Yann Gallic, que la France est surtout urbaine pour près de 8 français sur 10. »
Et le chroniqueur d'enchaîner : « Entre 1982 et 2011, la population urbaine a augmenté de 23%, soit presque 9 millions d'habitants supplémentaires dans les villes et les périphéries. Cette croissance concerne surtout les grandes agglomérations qui comptent plus de 400 000 habitants. Notamment l'agglomération parisienne qui reste la plus attractive. Cette évolution démographique est liée à celle de l'emploi. On s'installe généralement là où il y a du travail (...)
Cette enquête révèle enfin de fortes disparités territoriales en matière d'équipements et de services publics. Si vous habitez dans une

commune rurale où la densité de population est très faible, il vous faudra en moyenne 50 minutes pour accéder aux urgences de l'hôpital le plus proche au lieu d'un quart d'heure si vous vivez en zone urbaine. »

Lecture nécessaire de *"la France et ses territoires"*...
Partie *"Une nouvelle approche sur les espaces à faible et forte densité"* (par Christel Aliaga, Pascal Eusebio, David Levy) :
« Longtemps assimilés aux espaces agricoles, les territoires ruraux étaient définis « en creux », comme non urbains. Avec le développement des villes, les liens des territoires ruraux avec celles-ci se sont intensifiés, que ce soit en termes d'emploi ou d'accès aux services et commerces. C'est désormais plus un cadre de vie qui définit les espaces ruraux, car ils peuvent se situer à la périphérie des villes. Pour tenir compte de ces évolutions, l'Insee propose aujourd'hui une grille plus continue, fondée sur le degré de densité de population des territoires, selon une approche plutôt « morphologique ». Elle est issue des travaux de la Commission européenne et rendue possible par la disponibilité de données à un niveau territorial très fin, celui des « carreaux ».
Cette nouvelle grille d'analyse, combinée à des éléments sur les caractéristiques des habitants, leur activité, l'accès à l'emploi ou aux services et équipements, peut permettre des approches très riches sur les espaces très peu denses. Il est ainsi possible de mesurer l'éloignement et l'enclavement et de décrire ces espaces très divers. La grande majorité des communes (90 %) sont peu

densément peuplées en France, pays où la densité est presque partout assez réduite. Ces communes ne regroupent que 35 % de la population. Les plus faibles densités (communes très peu denses) concernent un tiers des communes et seulement 4%de la population. Trois quarts des communes appartenant à des espaces très peu denses peuvent être considérées comme isolées car éloignées de l'influence des villes. Trois quarts des communes très peu denses sont également situées à plus de 10 minutes en automobile des services quotidiens. »

Ainsi, on passe des 35 % de l'Insee au 5% de Sylvia Pinel !

Ces 90 % des communes semblent bien visées par "la réforme" de la "Commune nouvelle". 35 % de la population devrait se sentir en danger.
95 % de la population doit avoir accepté de vivre "dans des communes sous influence urbaine". Et ainsi les "5 %" n'ont qu'à fermer leur gueule !

Selon le document du COMITE INTERMINISTERIEL aux ruralités du 13 mars 2015, préfacé par Sylvia Pinel : « L'urbanisation, qui a fortement marqué la société française, s'est accompagnée d'une homogénéisation des modes de vie et de consommation comme des attentes des citoyens en termes de mobilité, de connectivité, de services, d'égalité des chances. »

Une homogénéisation des modes de vie ? Certes, à la campagne également, vivre dans le respect de la nature devient une exception... Ces ruraux qui pourraient marcher ont même le plus souvent une télévision !

Comment obtenir 80% ? « En 2011, en France métropolitaine, près de huit habitants sur dix résident dans l'espace urbain, défini comme celui des unités urbaines, c'est à dire un espace basé sur la continuité du bâti et d'une taille minimum de 2 000 habitants. » ("*la France et ses territoires*") Et d'ajouter : « En trente ans (1982-2011), à délimitations courantes des unités urbaines, la population de celles-ci s'est accrue de 23 %, soit 8 961 000 habitants supplémentaires et la superficie occupée par ces dernières, de 42,5 % (35 400 km2).

Sur cette période, la population urbaine a augmenté de manière inégale sur le territoire. Les grandes unités urbaines absorbent en effet près de 80 % de la hausse (20 % par l'unité urbaine de Paris et 56 % par les unités de 400 000 à 2 000 000 habitants). L'attractivité des grandes villes conforte un système urbain dominé en premier lieu par Paris (près de sept fois plus grande que ses suivantes immédiates, Lyon ou Marseille, selon les recensements) et en second lieu, par un ensemble de 14 unités urbaines de 400 000 habitants ou plus. Les unités urbaines dont la population est comprise entre 200 000 et 400 000 habitants sont celles qui contribuent le moins à la variation de population de l'ensemble des unités urbaines (en raison, notamment, de la « migration » de trois unités urbaines vers d'autres classes de taille). La population urbaine se répartit entre un centre parisien hypertrophié (10 millions d'habitants), 14 unités urbaines de 400 000 habitants ou plus situées sur le littoral, le long des fleuves, près des frontières, et 2 218 unités urbaines plus petites.

L'ensemble des quinze villes les plus importantes

regroupe en 2011, 21,3 millions d'habitants, soit 43,8 % du total urbain, contre 14,4millions d'habitants ou 36,4 % en 1982 (délimitation courante) et structure de façon forte et pérenne la totalité du territoire. »

Si les villages fusionnent...

Que va-t-il se passer... certes, on peut facilement l'imaginer, la ficelle est tellement grosse...

Ils peuvent nous promettre toutes les augmentations de dotations d'État imaginables... (certes, 5% durant trois ans plutôt qu'une baisse)

C'est dans les commentaires sur lemonde.fr, sous l'article "« *La campagne du XXIe siècle* » *se dessine dans la France rurale*" d'Enora Ollivier que figure un témoignage intéressant :

DOMINIQUE VIGNON 27/01/2015 - 21h58

« J'appartiens à une commune regroupée, dans le département du Cher. Notre commune (de moins de 50 habitants) n'avait aucune dette; nous avons rejoint un groupe de communes bien endettées. Mon impôt foncier a augmenté de 60% ; celui des habitants des autres communes a sans doute un peu baissé. J'ai du mal à trouver ce mouvement génial.»

Tandis qu'un Claude DOUCET 27/01/2015 - 19h02 bavait en bon collaborateur de la modernité : « Ce mouvement devra être accéléré dans toutes les régions afin de ramener le nombre de communes à moins de 10000 avant la fin de la décennie en cours. Tous les habitants y gagneront à condition que le planning sera bien expliqué et que le partage des services soit bien distribué. Et qu'on ne parle pas de perte d'identité !!!! »

Tous les habitants y gagneront ! T'as raison, Gaston ! ("*Gaston y'a l'téléfon qui son' Et y'a jamais person' qui y répond*" braillent encore à Montcuq les derniers fans de Nino Ferrer)

Qui sont les ruraux ?

Approche variable... Donc manipulation des chiffres aisée !

« L'espace rural n'a pas de définition précise et de multiples notions sont utilisées dans les études ou pour la conduite des politiques publiques. Les définitions existantes ont souvent été conçues pour mesurer les phénomènes économiques et sociaux sur des territoires où la « campagne » était prédominante. En 2011, la Commission européenne a mis au point une nouvelle méthode fondée sur des critères de densité et de population selon un principe d'agrégation de carreaux de 1 kilomètre de côté. Le point de départ de cette typologie « degré d'urbanisation » est bien l'urbain. Néanmoins, dans le cadre d'une réflexion sur la notion de rural, l'Insee a élargi cette méthode afin d'identifier des espaces de moindre densité, assimilables à des espaces de ruralité.

(...)

Longtemps associée à une activité agroalimentaire, la notion de ruralité fait aujourd'hui davantage référence à un mode de vie, à la nature des paysages et à leurs ressources.
À l'Insee, deux principales approches du rural ont été précédemment utilisées, l'une « morphologique » et l'autre « fonctionnelle ». Celles-ci définissent le rural de façon résiduelle par rapport à l'urbain, mais elles se différencient par la manière de caractériser les territoires, selon la forme d'urbanisation, et le lien par rapport aux pôles d'emploi.

L'approche morphologique repose sur une définition de « l'urbain » au sens des unités urbaines (UU), établies pour les plus récentes en 2010. Les unités urbaines sont construites sur des critères de continuité du bâti et de population : l'unité urbaine est une commune ou un ensemble de communes qui comporte sur son territoire une zone bâtie d'au moins 2 000 habitants où aucune habitation n'est séparée de la plus proche de plus de 200 mètres. En outre, chaque commune concernée possède plus de la moitié de sa population dans cette zone bâtie. Toutes les communes n'appartenant pas à une unité urbaine étaient considérées comme rurales. L'urbain ainsi défini représentait la ville, le rural la campagne.

Cette approche, née dans les années 1950, est encore utilisée aujourd'hui à l'Insee. Une critique parfois formulée est qu'elle conduirait à surestimer le territoire urbain et la population urbaine et qu'il faudrait utiliser des échelles infracommunales ou bien ajouter des contraintes sur la densité du bâti ou de la population. Par ailleurs, une autre critique qui lui est parfois adressée est le fait d'avoir une approche binaire et de ne pas définir différents degrés d'urbanisation.

(...)

Entre 1998 et 2009, l'approche morphologique a coexisté avec une approche dite fonctionnelle, fondée sur le zonage en aires urbaines (ZAU). L'espace à dominante urbaine était constitué par l'ensemble des aires urbaines et des communes multipolarisées.

Dans cette approche, le rural était ainsi défini par le résidu de l'urbain. Il représentait l'ensemble des communes rurales et unités urbaines n'appartenant pas à l'espace à dominante urbaine. Il s'agissait donc de l'ensemble des communes qui ne sont pas sous l'influence des villes. Cependant, dans les espaces périurbains (couronnes périurbaines et communes multipolarisées), aux densités de population plus faibles, les paysages sont parfois marqués par des activités agricoles et forestières. Le caractère rural des espaces périurbains est d'autant plus fort qu'aujourd'hui, les modes de vie urbains et ruraux sont devenus proches : le poids du paysage devient donc déterminant dans la différenciation spatiale.

(…)

Les approches morphologiques (densité, continuité du bâti, paysages, etc.) sont donc sans doute plus proches de l'idée qu'a un citoyen de vivre dans une commune rurale ou urbaine.

Aussi, avec le nouveau zonage en aires urbaines (ZAU 2010), le vocabulaire change. Il ne vise plus à identifier les espaces à dominantes urbaine ou rurale : il délimite ce que l'on appelle « l'espace d'influence des villes », tandis que l'approche morphologique au sens des unités urbaines permet toujours de qualifier un territoire d'urbain ou de rural.

En 2011, avec le développement des données disponibles au carreau, la nouvelle typologie européenne « degré d'urbanisation » a pu être mise en œuvre par la Commission européenne et a alimenté de nouvelles réflexions à l'Insee sur la notion de rural et des travaux d'application au cas français. L'objectif de ces travaux est de proposer une grille d'analyse simple à comprendre, la plus neutre possible, et mobilisant des critères intuitifs d'approche morphologique du territoire par la densité et la population, en cohérence avec la typologie européenne. Cette grille élémentaire pourra ensuite être croisée avec d'autres critères pour répondre à la diversité des préoccupations autour des ruralités et aller plus loin dans l'analyse des différents espaces (descriptions, typologies, etc.). »

"*La France et ses territoires*", INSEE, avril 2015.

Donc, suivant ce que l'on souhaite démontrer, on change la définition du village et basta, la grosse artillerie bureaucratique peut s'écraser sur nos trous perdus...

Le critère du nombre d'habitants au km2

« Les communes densément peuplées représentent moins de 2 % des communes et 35 % de la population. Elles se caractérisent par une population nombreuse et très concentrée, la densité moyenne de ces espaces s'élevant à 2 969 habitants/km2. Ces communes sont situées dans les pôles des grandes aires urbaines et plus de 70 % d'entre elles ont plus de 10 000 habitants. D'une manière générale, ces espaces sont fortement urbanisés et artificialisés (62 % de la superficie) et le revenu moyen net imposable par foyer fiscal est le plus élevé des catégories. »

"*la France et ses territoires*", INSEE, avril 2015

Avec les chiffres de la "Typologie européenne élargie" :

36 629 communes 63,981 millions d'habitants (2010), densité moyenne : 116 habitants au km2.

Les communes en "densément peuplées" sont 609 (soit 1,7% des communes), regroupent 22,597 millions d'habitants (35,3% de la population) avec une densité de 2 969 habitants au km2.
Les communes de "densité intermédiaire" : 2 996 (8,2% des communes) avec 19,111 millions d'habitants (29,9 de la population) et une densité de 413 habitants au km2.
Les "communes peu denses" seraient ainsi 19 968 (54,5 % des communes) où vivent 19,655 millions d'habitants (30,7 de la population) et une densité de 64 habitants au km2.
13 056 "communes très peu denses" (35,6 % des communes) pour 2,617 millions d'habitants (4,1%

de la population) et une densité de 14 habitants au km2.

14 habitants au km2 me semble pourtant une bonne répartition humaine...

Les 609 communes "densément peuplées" ont vocation à placer sous tutelle l'ensemble du pays, à accaparer les développements, lisser leurs dettes grâce à l'augmentation des charges des conquis ?

500 000 conseillers municipaux bénévoles "écartés"...

Il s'agit d'un signal fort aux 500 000 conseillers municipaux bénévoles : vous pouvez rentrer chez vous, les professionnels de la politique s'occupent de tout...

M. Hervé Maurey au Sénat... Séance du 15 décembre 2014 :
« La commune est l'échelon de la proximité, de la démocratie, du lien social et de la bonne gestion. Contrairement à ce que certains prétendent, le nombre de communes n'est pas une source de dépenses ou de gaspillage. Je l'avais d'ailleurs dit à un précédent Premier ministre, les petites communes ne gaspillent pour une raison très simple : elles n'ont pas d'argent ! Je crois, bien au contraire, que le bénévolat formidable dont font preuve 500 000 conseillers municipaux est une source d'économie. »

M. Jean-Pierre Sueur, au Sénat... Séance du 15 décembre 2014 : « Plutôt que de présenter un inconvénient – ou une multiplicité d'inconvénients –, ces communes, ce sont 550 000 conseillers municipaux, soit autant de citoyens qui, eux, procurent un avantage incomparable : connaître chaque route, chaque chemin, chaque commerce, chaque ferme, chaque entreprise, chaque école, chaque maison... Et lorsque ces diverses réalités sont abordées autour de la table du conseil municipal, alors ces élus savent de quoi ils parlent ! Cette connaissance du terrain, aucune structure technocratique ne saurait l'atteindre. »

La disparition des communes est bien le but

M. Jean-Pierre Bosino au Sénat... Séance du 15 décembre 2014 : « Évidemment, on a entendu de beaux éloges des élus, de la commune, cœur de la démocratie, la référence à 1789... Mais je considère, et le débat vient de le montrer, que tout pousse, au contraire, à la disparition des communes.

Les références à la loi de 2010, dans la mesure où nous y étions opposés, sont pour nous problématiques, de même que l'insistance des uns et des autres à vouloir que les communes s'adaptent à l'austérité. Vous avez moins de moyens ? Eh bien, fusionnez ! Vous avez des difficultés à trouver des élus ? Fusionnez ! La fusion serait la réponse aux difficultés rencontrées par les communes.

Même si l'on met en avant la notion de volontariat, cela dissimule mal le mouvement incitant, je le répète, à la disparition des communes, notamment parfois en les vidant de leur contenu, de leurs compétences par le biais de l'intercommunalité. »

Les bouseux doivent disparaître...

Ce serait plus simple si un Président proclamait « Je n'aime pas les riches, j'aime encore moins les sans-dents mais je déteste par dessus tout la campagne. Bouseux, je vous méprise. Après moi, la campagne ne sera plus qu'une banlieue gérée par un maire formé dans les partis de la République oligarchique. »

Mais non, on met des gants, en France, pour écraser les villages. On a même Sylvia Pinel, non seulement "Ministre du Logement, de l'Égalité des territoires" mais auquel le Président normal a ajouté "et de la Ruralité." Une jeune femme dont le parcours justifie notre méfiance... Avoir été introduite dans nos campagnes par son mentor encore appelé le "veau sous la mère", mise en orbite par sa *"Pravda du Midi*"*, ne signifie par forcément respecter nos territoires...

M. Henri Tandonnet, au Sénat... Séance du 15 décembre 2014 : « *Le nombre et la taille des communes en France sont très critiqués. Je ne partage pas ces critiques, car elles reviennent à ignorer le lien social et démocratique que constitue ce maillage communal, lequel constitue à mon avis une force pour la France.* »

* Référence à un article de la *Dépêche du Midi* où ce qualificatif est attribué à M. François Bonhomme, maire de Caussade, depuis sénateur du Tarn-et-Garonne... au détriment de JM Baylet.

Au pays du veau sous la mère...

St Vincent

Nos ruralités, une chance pour la France

Sous territoires.gouv.fr figure "un dossier" magistralement intitulé *"Nos ruralités, une chance pour la France."*

Avec édito de Sylvia Pinel, ès Ministre du Logement, de l'Égalité des territoires et de la Ruralité. Extraits :

« Tout d'abord, il faut garantir à chaque citoyen un égal accès aux services, qu'ils soient publics, économiques, éducatifs, culturels ou de loisirs. C'est au fondement du pacte républicain et l'État doit être le garant de cette égalité qui doit guider toutes les territorialisations des politiques publiques.

Ensuite, il faut renforcer les capacités des territoires et de leurs élus à porter et développer des projets qui permettent une proximité de l'action publique, son adaptation aux besoins réels de nos concitoyens et une efficacité dans leur mise en œuvre.

Enfin, l'objectif du Gouvernement est bien de dépasser les logiques de concurrence territoriale qui ont délité le lien social, qui ont opposé les territoires les uns aux autres. Nous relèverons ce défi en renforçant les pôles de centralité que sont les centres-bourgs et les villes moyennes, et en développant les liens entre territoires ruraux et urbains.

C'est donc en ayant le souci du développement de chacun, et en construisant des liens forts entre ces espaces et leurs habitants, que nous pourrons recréer de la confiance et témoigner du respect et de la considération que nous portons pour les territoires ruraux. »

Un blabla totalement déconnecté de la réalité du mépris et de la ghettoïsation. On enfume bien les cochons pourquoi pas les ruraux...

La culture à la campagne... Dans le document du *COMITE INTERMINISTERIEL aux ruralités* du 13 mars 2015 :

« "DES PRATIQUES CULTURELLES DIVERSIFIEES AU CŒUR DES RURALITES ENJEUX"
Pour un aménagement culturel équilibré du territoire, il convient de poursuivre le développement de l'offre culturelle, dans tous les domaines, dans les territoires ruraux, en privilégiant une approche partenariale avec les collectivités locales et en portant une attention particulière à la jeunesse. »

Pour l'écrire simplement : à la campagne, il faut plaire aux installés ou tu es ignoré, méprisé...
Un bon écrivain est ainsi un écrivain dévoué à son maire, à son président de communauté de communes, à ses conseillers départementaux, son député, ses élus régionaux, et leurs amis.

Aucun de mes livres ne figure à la bibliothèque intercommunale de Montcuq. J'ai dédié à ces gens-là "un livre de merde".
Ces gens-là ont déjà les moyens de se prétendre la culture... La campagne n'est pas peuplée que de doux rêveurs tolérants, ouverts, accueillants... Ici, dans le sud-ouest, on exige des nouveaux venus la position agenouillée... Il faut respecter les traditions !

Vivre à la campagne...

En 1994 Gilbert Laffaille réalisait presque un tube : *Ici*. Une chanson insuffisamment connue, un hymne potentiel de nos villages. Mais ici comme ailleurs, l'industrie musicale accapare le temps de cerveaux disponibles.

«...Ici c'est tout petit, oh c'est pas l'Amérique,
Pas de mur antibruit ni de périphérique
Y a pas de cages à poules ni de tours en parpaings
Ici dans les clapiers on y met les lapins

Ici on vit le jour et on voit les saisons
Et on entend la pluie sur les toits des maisons
Ici on dit "bonjour", "au revoir" et "merci"
Si on ferme l'école qui pourra vivre ici ?... »

Déjà en 1994 le « *Si on ferme l'école qui pourra vivre ici ?* » appartenait au passé, ici... L'école fut fermée durant les années 70...
Mais aujourd'hui encore : « *Il y a juste une cabine et personne ne la casse.* » (autre vers de cette chanson)
Mais il n'est plus possible de l'utiliser... gratuitement !... Ce fut une belle histoire, cette seule et unique cabine du village... Je me demandais, en 1995, pourquoi le notaire s'y rendait plutôt que de me téléphoner (dans le Pas-de-Calais) de son étude... Puis j'ai également marché jusqu'à elle pour mes appels lointains... Je vous parle d'un temps où *France-Télécom* osait faire de la pub pour vanter la minute de communications en "longue distance" à seulement... 3 francs ! Grâce à son monopole...
Le dysfonctionnement de la cabine était connu... des voitures s'arrêtaient souvent... Avec un franc,

parfois finalement récupéré, le temps de communication frôlait l'infini !... Mais un jour, un véhicule au logo de cette entreprise (et non un sous-traitant... c'est vraiment ancien !) était stationné près d'elle et un employé m'expliqua leur découverte d'un important décalage entre l'argent collecté et le nombre d'appels... Les bonnes choses, même à la campagne, ont parfois une fin... Comme ont disparu des ruisseaux les écrevisses... naturellement aucun agriculteur ne fut accusé de les avoir empoisonnés...

La commune nouvelle, c'est fantastique !

Dans le grand quotidien d'accompagnement des installés, oui l'ancienne référence *Le Monde*, Enora Ollivier, le 27 janvier 2015, signait "« *La campagne du XXIe siècle » se dessine dans la France rurale*" : « *Il était une fois dans l'ouest de l'Orne... Le 1er janvier, sans tambour ni trompette, une petite révolution a eu lieu : une municipalité est née. Bienvenue à Tinchebray-Bocage, une « commune nouvelle », mais pas vraiment une nouvelle commune puisque née de la fusion de sept villages mitoyens : Tinchebray, Saint-Cornier-des-Landes, Frênes, Beauchêne, Larchamp, Saint-Jean-des-Bois et Yvrandes.* »

Vive Tinchebray-Bocage ! Nous serons tous des Tinchebray-Bocage !

Explication claire : « *Des mairies qui ont profité des incitations financières offertes actuellement par le gouvernement – un gel pendant trois ans de la baisse des dotations de l'Etat que subissent toutes les collectivités – pour se regrouper et mutualiser leurs moyens.*

Un dispositif qui s'appuie sur un texte datant de décembre 2010, établissant la « commune nouvelle » pour favoriser l'association des villages, et dont les parlementaires discutent une nouvelle version à partir du mardi 27 janvier... »

Cinq mille trois cents habitants, désormais la sixième ville du département, et la promotion des médias... Et même « *la nouvelle mairie devrait gagner 300 000 euros par an dans l'opération.* » Que signifient ces gagner ? Dépenser autrement ?

Jérôme Nury, le maire UMP : « *Il y a trente-six mille communes en France. Tout le monde sait bien qu'à terme l'Etat dira qu'il faut rationaliser et imposera des fusions. Nous, on a préféré faire ce regroupement avec une carotte plutôt que se le voir imposé par l'Etat avec un bâton.* »

Les "précurseurs" sont récompensés. C'est "le sens de l'histoire"... Soyons fatalistes ?

Officiellement (parole du *Monde* !) « *Le regroupement n'a pas vraiment rencontré d'opposition, ni dans les équipes municipales, qui l'ont validé à 96 %, ni dans la population.* »

Comment vivre à la campagne ?

J'ai grandi à Huclier, dans le Pas-de-Calais. Le chiffre de 59 habitants reste incrusté dans ma tête. Depuis la commune s'est développée. Elle a même doublé, atteignant 36 habitants au km2, aux dernières nouvelles ! Énorme ! La proximité, dix bornes, d'une usine de "confection de mauvais produits alimentaires" semble avoir motivé de "nombreuses" constructions. J'ai essayé, à 25 ans, de dénicher une maison dans le sud-ouest, avec en poche l'unique "pactole" d'un départ négocié. À ce prix, 19 ans plus tard, tu n'obtiens plus qu'un terrain à bâtir...

J'ai choisi de vivre à la campagne. J'étais passé, pour raisons scolaires puis professionnelles à Arras, Douai et Reims mais ne m'imaginais pas vivre sans pouvoir planter quelques arbres.

Si à 50 ans tu n'as pas tes pommiers, tu as raté ta vie. Le constat est encore plus affligeant si tu arbores une Rolex. Bref, auprès de mes arbres, dont les figuiers alors découverts, j'essaye de tenir en modeste travailleur indépendant. Tout semble fait pour décourager les initiatives, ici. La fracture numérique est une réalité. J'ai tenté, dès l'an 2000, de contacter le Conseil Général au sujet d'Internet... Un mur de mépris et d'indifférences. Certes de nombreux habitants d'ici frisent la caricature des « gens de la campagne obtus, fermés et bornés »... mais il nous incombe d'apporter des solutions, de l'imagination, de l'intelligence, sans se soucier du clientélisme toujours triomphant... Déboulonner les positions acquises, ici comme ailleurs... Enfin, les ignorer...

Etre chômeur à la campagne

Etre chômeur à la campagne va devenir quasiment impossible !

Convocations obligatoires à Pôle Emploi.
Formations (inutiles) obligatoires.
L'état a les moyens de vous dégoûter de votre inscription à Pôle Emploi.
Naturellement, l'état offre des avantages aux demandeurs d'emplois, comme les transports collectifs...
Mais si vous habitez à la campagne, votre transport collectif il faudra aller le prendre à 35 kms de chez vous !

Très difficile d'y travailler et le chômage compliqué à conserver. Que va devenir la campagne ? Des résidences secondaires, des gîtes ruraux, des quartiers de jeunes notables retraités (car ensuite la proximité des hôpitaux est préférable) ?

Comment vivre ici ? Ma réponse peut-elle servir d'exemple ?

Loi du 16 mars 2015

La Loi du 16 mars 2015, relative à l'amélioration du régime de la commune nouvelle, pour des communes fortes et vivantes. C'est bien ainsi l'intitulé !

Elle a été promulguée le 16 mars 2015 (au *Journal officiel* du 17).

Le gouvernement avait engagé la « procédure accélérée » le 10 octobre 2014 après le dépôt d'une proposition de loi par Bruno Le Roux le 3.

Le texte définitif, mis au point par la commission mixte paritaire fut adopté le 11 février 2015 par l'Assemblée nationale puis par le Sénat le 4 mars 2015.

http://www.vie-publique.fr nous "vend" la loi : « améliorer le dispositif de la commune nouvelle, instauré par la loi de réforme des collectivités territoriales du 16 décembre 2010.
Nouvelle modalité de la fusion de communes, la création d'une commune nouvelle, en lieu et place de plusieurs anciennes communes sur la base d'un consensus local, exprimé par les conseils municipaux ou par un référendum local, a été peu utilisée depuis sa mise en place. Seules 13 communes nouvelles ont été créées en quatre ans.
Afin d'encourager la création de communes nouvelles, la loi propose de revoir l'architecture institutionnelle de la nouvelle commune en donnant plus de place aux conseillers municipaux des anciennes communes (pendant la période transitoire allant de la mise en place de la nouvelle

collectivité territoriale au renouvellement de son conseil municipal, tous les élus municipaux composeront le conseil municipal transitoire). Les spécificités communales seront mieux prises en compte dans les documents d'urbanisme (reconnaissance des spécificités des anciennes communes dans le projet d'aménagement et de développement durable). Un pacte financier garantira pendant trois ans le niveau des dotations de l'État aux communes fusionnant en 2015 ou 2016 au sein de communes nouvelles de moins de 10 000 habitants. Le texte instaure également des communes déléguées correspondant aux anciennes communes. »

Créer une commune nouvelle

« Les modalités de création

La loi RCT du 16 décembre 2010 a instauré un nouveau dispositif de fusion de communes. Jusqu'à la date de sa publication, la fusion de communes était effectuée sous l'empire de la loi dite "Marcellin" du 16 juillet 1971.

L'initiative

Désormais, la création d'une commune nouvelle en lieu et place de communes contiguës repose sur une procédure engagée :

Soit par tous les conseils municipaux ;

Soit par les deux tiers au moins des conseils municipaux des communes membres d'un même EPCI à fiscalité propre représentant plus des deux tiers de la population de celui-ci ;

Soit par l'organe délibérant de l'EPCI en vue de la création d'une commune nouvelle en lieu et place de l'EPCI concerné ;

Soit par le préfet.

Les conditions de création

Que la procédure soit engagée par les conseils municipaux, le conseil communautaire, ou le représentant de l'État, la création de la commune nouvelle suppose des délibérations concordantes de l'ensemble des conseils municipaux des communes concernées.

Si seuls les deux tiers au moins des conseils

municipaux des communes membres, représentant plus des deux tiers de la population totale de celles-ci, sont favorables au projet de fusion, la population des communes membres est appelée à se prononcer sur le projet de fusion. Un décret en Conseil d'État fixe les modalités de la consultation.

La création ne peut être décidée par arrêté du préfet que si la participation au scrutin est supérieure à la moitié des électeurs inscrits et que le projet recueille, dans chacune des communes concernées, l'accord de la majorité absolue des suffrages exprimés.

Le préfet dispose d'un pouvoir d'appréciation qui lui permet de ne pas donner suite à une demande lorsqu'il est saisi.

Cas spécifique

Aux termes de l'article L. 2113-4 du CGCT, lorsque les communes concernées par une demande de création d'une commune nouvelle ne sont pas situées dans le même département ou dans la même région, la décision de création ne peut être prise qu'après modification des limites territoriales des départements ou régions concernés par décret en Conseil d'État pris après accord des conseils généraux et conseils régionaux concernés. A défaut d'accord, les limites territoriales des départements et des régions ne peuvent être modifiées que par la loi.

Les conséquences de la création

Les conséquences statutaires pour la commune nouvelle

Les conséquences statutaires pour la commune nouvelle sont développées dans l'article L. 2113-5 du CGCT.

Il y a lieu de distinguer deux cas de figure.

En cas de création d'une commune nouvelle en lieu et place de communes appartenant à un même EPCI à fiscalité propre : l'arrêté portant création de la commune nouvelle emporte également suppression de l'EPCI à fiscalité propre dont étaient membres les communes intéressées. L'ensemble des biens, droits et obligations de l'EPCI à fiscalité propre supprimé et des communes dont est issue la commune nouvelle, est transféré à cette dernière.

En cas de création d'une commune nouvelle en lieu et place de communes appartenant à des EPCI à fiscalité propre distincts : le conseil municipal de la commune nouvelle délibère dans le mois de sa création sur l'EPCI dont il souhaite que la commune soit membre. En cas de désaccord du préfet, celui-ci saisit la CDCI (dans un délai d'un mois après la délibération) d'un projet de rattachement de la commune nouvelle à un autre EPCI à fiscalité propre auquel appartenait une des communes dont la commune nouvelle est issue. La commission peut refuser le projet présenté par le préfet. Si elle appuie alors, à la majorité des deux tiers de ses membres, la décision de la commune nouvelle, celle-ci devient membre de l'EPCI à fiscalité propre en faveur duquel elle avait délibéré.

Un arrêté du représentant de l'État prononce obligatoirement le rattachement de la commune nouvelle à un EPCI à fiscalité propre. Jusqu'à cet arrêté, la commune nouvelle reste membre de tous les EPCI dont étaient membres ses anciennes communes. Le retrait de ces autres EPCI après la prise de l'arrêté préfectoral s'effectue dans les conditions prévues à l'article L. 5211-25-1.

Aux termes de l'article L. 2113-7 du CGCT, jusqu'au renouvellement du conseil municipal suivant la création de la commune nouvelle, l'arrêté du préfet prononçant la création fixe la composition du conseil municipal de la commune nouvelle dans lequel entrent dans tous les cas le maire et les adjoints de chacune des anciennes communes, et tout ou partie des anciens conseillers municipaux. Le nombre de conseillers provenant des anciens conseils municipaux est proportionnel au nombre des électeurs inscrits.

La création de communes déléguées

Aux termes de l'article L. 2113-10 du CGCT, des communes déléguées reprenant le nom et les limites territoriales de l'ensemble des anciennes communes dont la commune nouvelle est issue sont instituées dans un délai de six mois à compter de la création de la commune nouvelle, sauf délibération contraire du conseil municipal. Celui-ci peut décider, en outre, la suppression des communes déléguées dans un délai qu'il détermine.

La commune nouvelle a seule la qualité de collectivité territoriale.

La création de communes déléguées entraîne de plein droit pour chacune d'entre elles la création :

. d'un maire délégué, désigné par le conseil municipal de la commune nouvelle, qui est officier d'état civil et officier de police judiciaire, et peut être chargé de l'exécution des lois et règlements de police dans la commune déléguée. Il peut recevoir du maire de la commune nouvelle diverses délégations.

. d'une annexe de la mairie dans laquelle sont établis les actes de l'état civil concernant les habitants de la commune déléguée.

Sur décision du conseil municipal de la commune nouvelle, la commune déléguée peut disposer d'un conseil de la commune déléguée, composé du maire délégué et de conseillers communaux, désignés par le conseil municipal de la commune nouvelle parmi ses membres. Le conseil municipal de la commune nouvelle peut également désigner, parmi les conseillers communaux, un ou plusieurs adjoints au maire délégué.

Les communes déléguées ne constituent en aucun cas un sectionnement électoral, et ne disposent pas d'une section du centre communal d'action sociale de la commune nouvelle. »

Dernière modification : 12/06/2014

http://www.collectivites-locales.gouv.fr/creer-commune-nouvelle

La loi n'a pas remanié la manière de faire mais les incitations, essayant d'ajouter une pression sur les maires... en appuyant de temps en temps sur le bouton baisse des dotations.

La dotation d'Etat aux communes

C'est l'arme de l'état sur la tempe de nos villages...

http://www.collectivites-locales.gouv.fr/dotation-globale-fonctionnement-dgf-des-communes

La dotation globale de fonctionnement (DGF) des communes

La DGF des communes comprend :
. La dotation forfaitaire des communes
. La dotation de solidarité urbaine et de cohésion sociale (DSU)
. La dotation de solidarité rurale (DSR)
. La dotation nationale de péréquation (DNP)

La dotation forfaitaire des communes et ses 5 composantes :

La dotation forfaitaire des communes, composante de la dotation globale de fonctionnement (DGF), est la principale dotation de l'Etat aux collectivités locales. Elle est essentiellement basée sur les critères de la population et de la superficie.

Cette dotation se décompose en cinq parts :
. une dotation de base dont le montant est fonction du nombre d'habitants de la commune ;
. une part proportionnelle à la superficie dont le montant est fonction de la superficie exprimée en hectare de la commune ;
. une part « compensations » correspondant à l'ancienne compensation « part salaires » (CPS) de la taxe professionnelle ainsi qu'à la compensation des baisses de DCTP supportées par certaines

communes entre 1998 et 2001, incluses depuis 2004 dans la dotation forfaitaire ;
. un complément de garantie qui visait à compenser les effets de la réforme de la DGF de 2004/2005. Dans un contexte de stabilisation en valeur des concours financiers de l'Etat aux collectivités, ce complément est minoré depuis 2009 ;
. une dotation « parcs nationaux et parcs naturels marins ».

En 2012 le montant total de la dotation forfaitaire des communes représente 13,5 milliards d'euros.

Les dotations de péréquation communale

La dotation de solidarité urbaine et de cohésion sociale (DSU)

La dotation de solidarité urbaine et de cohésion sociale (DSU) constitue l'une des trois dotations de péréquation réservée par l'Etat aux communes en difficultés. Elle bénéficie aux villes dont les ressources ne permettent pas de couvrir l'ampleur des charges auxquelles elles sont confrontées.

L'éligibilité et la répartition de la DSU reposent sur la distinction de deux catégories démographiques :
. d'une part, les communes de 10 000 habitants et plus,
. d'autre part, les communes de 5 000 à 9 999 habitants.

Les communes de 10 000 habitants et plus sont classées par ordre décroissant selon un indice synthétique de charges et de ressources constitué :
. pour 45%, du rapport entre le potentiel financier

moyen par habitant des communes de 10 000 habitants et plus et le potentiel financier par habitant de la commune ;

. pour 15%, du rapport entre la part des logements sociaux de la commune dans son parc total de logements et la part des logements sociaux dans le parc total de logements des communes de 10 000 habitants et plus ;

. pour 30%, du rapport entre la proportion par logement de personnes couvertes par des prestations logement dans la commune et la proportion de personnes couvertes par ces mêmes prestations dans les communes de 10 000 habitants et plus ;

. pour 10%, du rapport entre le revenu moyen des habitants des communes de 10 000 habitants et plus et le revenu moyen des habitants de la commune.

La loi n° 96-241 du 26 mars 1996 a étendu aux communes de 5 000 à 9 999 habitants l'application de l'indice synthétique créé par la loi du 31 décembre 1993 pour les communes de 10 000 habitants et plus qui permet de classer l'ensemble des communes urbaines en fonction de leur richesse et de leurs charges.

Il est procédé pour ces communes, comme pour les communes de 10 000 habitants et plus, à la détermination, pour chaque collectivité, d'un indice synthétique de ressources et de charges. Les critères qui composent cet indice et les pondérations retenues sont les mêmes que ceux précédemment évoqués pour les communes de 10 000 habitants et plus. Toutefois les valeurs moyennes utilisées dans le calcul de l'indice sont celles constatées pour l'ensemble des communes de 5 000 à 9 999 habitants.

Est éligible le premier dixième des communes de 5 000 à 9 999 habitants, classées par ordre décroissant de la valeur de leur indice synthétique.

Une fraction de la DSU, dite « cible », concentre la progression de la DSU d'une année sur l'autre sur un nombre limité de communes. Cette « DSU cible » bénéficie aux 250 premières communes de 10 000 habitants et plus, et aux 30 premières communes de 5 000 à 10 000 habitants.

En 2012, le montant de la DSU s'établit à 1,37 milliards d'euros.

La dotation de solidarité rurale (DSR)

Deuxième volet de la réforme de la DGF du 31 décembre 1993, la dotation de solidarité rurale procède d'une extension de la dotation de développement rural, créée en 1992, à l'ensemble des communes rurales, sous des conditions d'éligibilité assez souples.

La loi de finances pour 2011 a modifié l'article L.2334 -20 du code général des collectivités territoriales et a créé une troisième fraction dite « cible » de la dotation de solidarité rurale, destinée aux 10 000 communes les plus défavorisées parmi celles éligibles à au moins l'une des deux premières fractions de la DSR.

Cette dotation comporte donc une fraction dite « bourgs-centres », une fraction « péréquation » et, depuis 2011, une fraction « cible » :

. la première fraction est destinée aux communes de moins de 10 000 habitants, chefs-lieux de canton ou regroupant au moins 15% de la population du canton, ainsi qu'à certains chefs-lieux d'arrondissements de 10 000 à 20 000 habitants ;

. la deuxième fraction est destinée aux communes de moins de 10 000 habitants disposant d'un potentiel financier par habitant inférieur au double du potentiel financier par habitant moyen de leur strate démographique ;

. la troisième fraction est destinée aux 10 000 premières communes de moins de 10 000 habitants les plus défavorisées parmi celles éligibles à l'une des deux premières fractions. Elle est destinée à concentrer l'accroissement de la dotation sur les 10 000 communes rurales les plus fragiles.

En 2012, le montant de la DSR s'établit à 891,3 millions d'euros.

La dotation nationale de péréquation (DNP)

La DNP constitue l'une des trois dotations de péréquation communale. Elle a pour principal objet d'assurer la péréquation de la richesse fiscale entre les communes. Elle résulte de l'intégration du Fonds national de péréquation dans la DGF en 2004.

La DNP comprend deux parts : une part dite « principale », qui vise à corriger les insuffisances de potentiel financier, et une part dite « majoration », plus spécifiquement destinée à la réduction des écarts de potentiel fiscal calculé par seule référence au panier de ressources s'étant substitué à l'ancienne taxe professionnelle, celle-ci ayant été supprimée par la loi de finances pour 2010.

Sont éligibles :

Les communes qui satisfont cumulativement aux deux conditions suivantes :
. avoir un potentiel financier par habitant supérieur de 5 % au plus à la moyenne du groupe démographique correspondant ;
. avoir un effort fiscal supérieur à la moyenne du groupe démographique correspondant.

Les communes de plus de 10 000 habitants qui répondent également aux deux conditions suivantes :
. avoir un potentiel financier par habitant inférieur ou égal à 85% du potentiel financier du groupe démographique correspondant ;
. avoir un effort fiscal supérieur à 85 % de la moyenne du groupe démographique correspondant.

Sont également éligibles les communes répondant à l'une des conditions suivantes :
. avoir un potentiel financier par habitant supérieur de 5 % au plus à la moyenne du groupe démographique correspondant et un taux de cotisation foncière des entreprises égal en 2011 au taux plafond à savoir 50,84%. Ces communes bénéficient d'une attribution à taux plein ;
. avoir un potentiel financier par habitant supérieur au plus de 5 % à la moyenne du groupe démographique correspondant et un effort fiscal compris entre l'effort fiscal moyen des communes

du même groupe démographique et 85 % de cet effort fiscal moyen. Ainsi, l'assouplissement des conditions de droit commun ne concerne que la condition liée à l'effort fiscal. La condition relative au potentiel financier reste impérative. Dans cette seconde hypothèse dérogatoire, les communes éligibles à titre dérogatoire perçoivent une attribution réduite de moitié.

En 2012, le montant de la DNP s'établit à 764 millions d'euros.
Dernière modification : 27 mai 2014.

Un pays où des "technocrates" gèrent les citoyens "ordinaires". Avec un président "normal".
M. Jacques Mézard, au Sénat... Séance du 15 décembre 2014 : « *Reste pour les communes nouvelles la question importante de leurs dotations. On n'attire pas les mouches avec du vinaigre et le présent texte prévoit non seulement une garantie de dotation, mais une friandise, par le biais d'une bonification de dotation forfaitaire. Monsieur le rapporteur, il y a là une contradiction intellectuelle évidente : la commune nouvelle correspond à un objectif de rationalisation et d'économie, économie que devrait entraîner la fusion de communes. Il est alors peu cohérent d'augmenter la dotation globale des communes fusionnées, lesquelles, contrairement à ce qui s'est passé lors de la création des intercommunalités avec la loi Chevènement, ne procurent pas de nouveaux services à la population.*
En outre, les dotations qui seront garanties en supplément aux communes nouvelles seront inscrites au débit des autres communes, ce qui n'est ni juste ni équitable. »

Face aux élus des villes, la chanson rurale...

En 2004, Ridan accédait au grand public avec un titre pourtant peu dans l'air du temps *"l'agriculteur."*

Certes, on peut, même sociologiquement, comprendre ce succès : l'envie de vivre correctement, manger "bio", traverse régulièrement notre société... Surtout quand un scandale de la malbouffe vient rappeler la réalité du mépris des industriels pour leurs consommateurs :

L'agriculteur :

« J'en ai ras l'bol de tout ce béton, j'ai la folie des grands espaces...

Mais qu'est-ce qui s'passe dans nos p'tites têtes,
On s'entasse tous comme des sardines,
Dans les grosses boîtes que l'on conserve,
Le p'tit poisson doit suivre sa ligne...

Et puis merde j'ai décidé de vivre loin sur la colline,
De vivre seul dans une maison avec la vue sur ma raison.
J'préfère vivre pauvre avec mon âme que vivre riche avec la leur,
Et si le blé m'file du bonheur, j'me ferais p't'êtr agriculteur...

J'boirais l'eau saine de mon ruisseau
Plutôt que l'eau sale du fond de la Seine,
Chargée en plomb et en histoire que la surface ne laisse plus voir... »

Euh « *l'eau saine de ton ruisseau* » monsieur Ridan ?

Ici, les ruisseaux, on hésite à prendre leur eau, même limpide, dans nos mains pour la porter aux lèvres...

Prendre de l'eau dans une main pour la boire, geste ancestral, désormais dangereux

En octobre 2001 j'écrivais "*les ruisseaux*". Texte encore loin d'une pareille destinée.

Il m'a fallu croiser Blondin dans les années 2010 pour qu'il devienne une vraie chanson... Un des titres de l'album « *Vivre autrement (après les ruines)* », à la une du portail http://www.ruisseaux.com

Les Ruisseaux

Les ruisseaux sont asséchés
Faut surtout pas pleurnicher
À la mairie on répond
C'est comme ça en cette saison

Oui désormais fin d'été
Ici l'eau a déserté
C'est pas une fatalité
Le temps des poissons a existé

C'était vallée aux fruitiers
Des pommiers des abricotiers
Mais ils ont tout arraché
Y'avait des primes à empocher

Et depuis c'est le maïs
Le champion du bénéfice
Peu importent les préjudices
Faut qu'en eau l'maïs se nourrisse

Oui désormais fin d'été
Ici l'eau a déserté
C'est pas une fatalité
L'temps des poissons a existé

Les maïs sont irrigués
Les ruisseaux sont asséchés
Monsieur l'maire est souriant
Ses électeurs ont du rendement

C'était vallée aux fruitiers
Des pommiers des abricotiers
Mais ils ont tout arraché
Y'avait des primes à empocher

Oui désormais fin d'été
Ici l'eau a déserté
C'est pas une fatalité
Le temps des poissons a existé

Les citoyens peuvent désormais consulter les échanges de l'Assemblée... Mais "manque de temps" et "afflux" d'informations permettent une facile occultation de la réalité par nos gentils (pour les installés) médias.

Assemblée nationale, Première séance du vendredi 31 octobre 2014

Mme Christine Pires Beaune (Fonctionnaire de catégorie A, "Socialiste, républicain et citoyen"), rapporteure de la commission des lois constitutionnelles, de la législation et de l'administration générale de la République : « *un mouvement de grande ampleur visant au rapprochement des communes, sur la base du volontariat et de l'expérience du travail en commun. (...)*
Même si les structures intercommunales ont permis de mettre en place des services à la population et des actions de développement inenvisageables à l'échelon d'une commune, la mutualisation des équipements et des moyens reste insuffisante. »

À quels services aux populations éloignées du "centre de décisions" des structures intercommunales pense madame Christine Pires Beaune ? La piscine intercommunale à 30 kilomètres ? La bibliothèque intercommunale dont les livres ne doivent surtout pas égratigner nos élus ? Les subventions aux "bonnes associations" ?

Mme Christine Pires Beaune suite : « *Tous les projets qui ont abouti à ce jour se sont réalisés sur la base de l'accord unanime des conseils municipaux.* »

Oui, il faut un maire qui n'a pas été élu sur ce programme et passe en force. Dès que l'on demande leur avis aux citoyens, ils refusent.

Suite : « *En outre, grâce à une disposition introduite à l'initiative de M. Pélissard, la loi de finances pour 2014 permet aux communes nouvelles créées avant le 1er janvier 2016 et regroupant une population inférieure ou égale à 10 000 habitants, ainsi qu'à toutes les communes nouvelles créées avant mars 2014, de bénéficier d'un montant garanti de dotation globale de fonctionnement pendant trois ans. Elles ne peuvent se voir appliquer, pour les exercices budgétaires 2014 à 2017, la baisse des dotations des collectivités territoriales.*

Enfin, sur délibération concordante ou à la demande d'une commune ayant une pression fiscale inférieure de 20 % à celle de la commune la plus imposée, la commune nouvelle peut mettre en place un dispositif d'intégration fiscale progressive. »

Les communes gérées "en bon père de famille" vont subir de plein fouet une nouvelle pression fiscale. Certes peut-être après quelques années de répit. Faut que les campagnes payent pour les folies des villes, leurs "dépenses de prestige" !

Malheureusement, le comportement, depuis des décennies, des maires et conseillers municipaux, a préparé le terrain de la disparition de communes où régnaient le clientélisme, les petits arrangements, accentués depuis quelques années par l'envolée du prix des terrains constructibles.
C'est le jackpot, le passage d'une parcelle en

constructible... Dans ce cas, mieux vaut participer au Conseil Municipal !

On peut trouver choquante la conclusion de sa première intervention : « *communes vivantes, plus fortes, absolument nécessaires pour conserver ce qui fait leur force : la capacité à maintenir sur tous nos territoires le lien social, les liens de solidarité que des services publics efficaces et pertinents permettront de concrétiser.* »

Il y aura des services publics dans notre commune ! Mais il faudra peut-être rouler trente kilomètres sur des chemins délaissés avant d'accéder à la grand-route...

Puis ce fut au tour de madame Marylise Lebranchu, ministre de la décentralisation et de la fonction publique : « *19 143 communes comptent moins de 500 habitants et 31 521 comptent moins de 2 000 habitants. Nombreuses sont celles qui éprouvent les plus grandes difficultés à faire face à leurs obligations. C'est probablement dans ces communes que les élus et la population expriment le plus fortement leur sentiment d'être abandonné par le service public et par l'État. Il faut y remédier.* »

Oui : il n'y aura plus de service public ni d'État à proximité... mais "dans la ville".

M. Alain Tourret (avocat, "Radical, républicain, démocrate et progressiste") : « *Nous savons que les Français aiment leur village, leur mairie, leur église et leur cimetière. C'est sans doute pour cette raison que le président François Mitterrand choisit pour slogan de sa campagne électorale de 1981* «

La force tranquille », laquelle, en réalité, était la France tranquille. C'est cette France tranquille des 3 500 communes de moins de cent habitants et des 26 923 communes de moins de mille habitants qui assura l'élection de François Mitterrand. Il avait compris qu'elle se caractérisait par l'existence d'un lien social où chacun se connaissait, se reconnaissait, où les hommes, le dimanche matin, discutaient au café, jouaient à la belote ou au tarot, buvaient un café arrosé de calva – je parle de la Normandie (Sourires) –, faisaient leur tiercé, pendant que les femmes écoutaient religieusement leur curé.

Les temps nouveaux, l'intercommunalité, l'exode rural, l'assèchement des finances publiques ont tué, ruiné, ce bel équilibre. On se mit à parler de rationalisation, de mutualisation, de restructuration : la technocratie avait tout gagné !

M. Marcellin, qui a plutôt laissé le souvenir d'un homme d'ordre, crut en 1971 qu'il parviendrait à unir les communes mais chacun sait que le mariage à deux est déjà difficile : quant à l'union à trois ou à plusieurs, seuls les libertins pouvaient l'envisager. M. Marcellin n'était pas un libertin. La réforme fut donc un échec, qui a marqué pour longtemps les communes de France.

(…)

Il est tout à fait singulier qu'au moment même où les élus se déchirent à propos de la carte des départements et des régions, ou encore des compétences qui leur seront peut-être dévolues, un consensus de bon aloi préside désormais à la création des communes nouvelles.

Cette sagesse se transforme, il est vrai, en obligation, lorsque l'on prend connaissance des réductions budgétaires drastiques imposées par l'État aux communes en raison de la dureté des temps actuels. Bien mieux : les communes nouvelles ne verront pas diminuer les dotations qu'elles reçoivent de l'État si elles sont créées avant le 1er janvier 2016 et comptent entre mille et dix mille habitants. Il faut le reconnaître, je le dis à mes amis ministres, sans diminution de la dotation globale de fonctionnement, il n'y aura pas de commune nouvelle. C'est triste à dire et je me ferai probablement écharper lorsque je reviendrai dans ma circonscription, mais c'est une réalité.

Pourquoi ? Parce que le conseil municipal hésitera longuement à augmenter massivement les impôts pour compenser la baisse de la DGF et des aides de l'État, et éventuellement celle des aides des conseils généraux et des conseils régionaux.

L'alternative sera donc la suivante : augmentation massive des impôts ou création d'une commune nouvelle. Celle-ci apparaît donc comme un modèle opportun aux communes qui veulent se regrouper dans le cadre d'une démarche volontaire et consensuelle. »

Un piège finalement simple : l'état diminue la dotation globale aux communes et explique aux maires leur alternative : augmentation massive des impôts ou fusion en "commune nouvelle."

Naturellement, entre élus, on peut s'amuser... Doit-on simplement sourire à « *M. Marcellin n'était pas un libertin* » ou extrapoler un message codé ? « *M. Marcellin, qui a plutôt laissé le souvenir d'un* homme d'ordre, crut en 1971 qu'il parviendrait à unir les communes mais chacun sait que le mariage à deux est déjà difficile : quant à l'union à trois ou à plusieurs, seuls les libertins pouvaient l'envisager. M. Marcellin n'était pas un libertin. »

Car quand même, si nous en sommes là, avec François Hollande élu quand "le peuple" voulait virer Sarkozy, c'est quand même à cause du libertin DSK incapable d'offrir à madame Anne Sinclair son fauteuil de première dame... Bref...

Place à M. Marc Dolez (Maître de conférences, "Gauche démocrate et républicaine") : « ...seules treize communes nouvelles ont été créées. C'est probablement la preuve que le regroupement de communes n'est pas perçu par les élus locaux comme une réponse adaptée aux difficultés auxquelles ils peuvent être confrontés, en particulier dans les plus petites d'entre elles.

(...)

Les mutations en cours, en effet, font peser de graves menaces sur l'existence même des communes. Par mutations en cours, j'entends la nouvelle organisation territoriale qui est en gestation. Quels seront demain la place et le rôle de la commune dans des intercommunalités d'au moins vingt mille habitants, aux compétences élargies et dans la perspective d'une élection de ces intercommunalités, comme le Gouvernement l'a déjà indiqué, au suffrage universel direct, dans le cadre d'une élection spécifique, ce qui signifierait de fait la création d'une nouvelle catégorie de collectivités territoriales et, de fait encore, la création de super-communes venant coiffer les communes existantes ?

L'autre menace est financière, du fait d'une baisse brutale des dotations qui se traduit aujourd'hui par une réduction sans précédent des ressources financières : moins 3,7 milliards de dotations en 2015, moins 11 milliards sur trois ans entre 2014 et 2017, soit 28 milliards d'euros de pertes de ressources cumulées en quelques années, comme l'a chiffré l'Association des maires de France.

Si nous pouvons partager l'analyse de ces menaces extrêmement graves pour l'identité communale, nous n'en tirons pas pour autant les mêmes conclusions.

Tout d'abord, ces menaces ne sont pas une fatalité et nous ne voulons pas nous résigner à la nouvelle organisation territoriale qui se dessine et qui signifierait la mort programmée des communes, tout comme nous ne nous résignons pas à la baisse des dotations. Je serais tenté de dire à l'Association des maires de France, dont évidemment nous partageons beaucoup des analyses et des combats menés, que sur ces deux questions-là, le combat devrait plutôt continuer.

Contrairement à ce qui est dit et que j'ai encore entendu ce matin, il serait illusoire de croire qu'à l'issue de la période de transition, l'identité des communes regroupées sera respectée car, à l'évidence, l'écart se creusera entre les citoyens et leurs représentants alors même que notre démocratie a d'abord besoin de proximité. Cela ne peut pas être la réponse au sentiment d'abandon que vous avez bien fait d'évoquer tout à l'heure et qui est parfaitement décrit dans un ouvrage récent intitulé La France périphérique.

Pour nous, le rôle et la place de la commune,

laquelle doit rester l'échelon de proximité, doivent être envisagés autrement. Le statu quo n'est évidemment pas satisfaisant mais nous considérons que la solution passe par une coopération volontaire et utile dans le cadre d'une intercommunalité de projets, par une audacieuse réforme de la fiscalité locale et par un approfondissement toujours plus important de la démocratie.

Derrière ces propositions de loi s'abrite l'idée récurrente qu'il faut combattre l'émiettement communal. Au-delà des discours et de l'attachement que chacun veut bien rappeler à nos communes, domine tout de même l'idée que 36 000 communes en France, c'est beaucoup trop par rapport à ce qu'on constate chez nos voisins, en Allemagne ou en Belgique, et qu'il faudrait en réduire le nombre. »

« il serait illusoire de croire qu'à l'issue de la période de transition, l'identité des communes regroupées sera respectée car, à l'évidence, l'écart se creusera entre les citoyens et leurs représentants alors même que notre démocratie a d'abord besoin de proximité. Cela ne peut pas être la réponse au sentiment d'abandon que vous avez bien fait d'évoquer tout à l'heure. »

M. Marc Dolez est le seul membre de l'Assemblée Nationale dont je partage l'approche... Est-ce grave, madame démocratie ? Pourtant, ses analyses me semblent de bon sens... oui « *il serait illusoire de croire qu'à l'issue de la période de transition, l'identité des communes regroupées sera respectée car, à l'évidence, l'écart se creusera entre les citoyens et leurs représentants alors même que notre démocratie a d'abord besoin de proximité.* » Peut-être tout simplement : les autres également le pensent mais nous pouvons être sacrifiés sur l'autel du mouvement...

M. Olivier Dussopt (Assistant parlementaire "Socialiste, républicain et citoyen") : « *Comme d'autres viennent de le dire, la France compte environ 36 700 communes, dont 86 % ont moins de deux mille habitants. Si cet émiettement est le fruit de notre histoire, il est aujourd'hui considéré par toutes et tous comme un frein à l'action publique locale...* [Intervention de M. Marc Dolez : « *Toutes et tous, ou presque !* »] *...du fait notamment de la dispersion et de la faiblesse des moyens dont disposent beaucoup de ces communes.* »

Bref : pour ne pas augmenter les impôts durant votre mandat, créez une commune nouvelle... les impôts augmenteront ensuite mais vous expliquerez la nécessité de "l'égalité de l'impôt" entre les membres d'une même commune... Et vous aurez eu droit aux fellations... félicitations... pardon pour le lapsus déjà dans la bouche de Rachida Dati (au lieu d'inflation chez elle) vous aurez eu droit aux félicitations des grands élus ! Peut-être même cette fusion représentera la grande opportunité de votre carrière...

Entre en scène la star du dossier... Car le président normal a su faire reposer sur un avocat de l'UMP sa "modernisation du pays". Consensus.

M. Jacques Pélissard (Avocat, "Union pour un Mouvement Populaire") : « *En premier lieu, il s'agit d'améliorer la gouvernance des communes nouvelles. Il est essentiel que les communes* nouvelles soient créées dans le cadre d'une démarche volontaire et consensuelle, en respectant l'identité des communes regroupées : c'est le gage de la bonne mise en œuvre, et donc de la réussite, du projet. »

Respecter l'identité des communes ? Que peut bien signifier chez ces gens, respecter l'identité des communes ?

M. Jacques Pélissard : « *Il convient en outre d'inciter à la création de communes nouvelles par un pacte financier. Il est normal et légitime d'aider les collectivités qui entreprennent un effort de modernisation. Lors de sa conférence de presse du 14 janvier, le Président de la République indiquait d'ailleurs à propos des collectivités qui se restructurent : « Pour les accompagner, il y aura des incitations puissantes qui seront introduites. Les dotations de l'État varieront selon les regroupements qui seront faits ». »*

La loi est sûrement conforme à la Constitution, comme de priver les éditeurs en profession libérale du droit de prêt en bibliothèque ou de la manne de la copie privée, alors que les mastodontes détenus par Lagardère, Gallimard et autres grandes fortunes se gavent... Conforme à la Constitution !

Retour à la tête de proue du projet : « *Je soutiens la proposition de notre collègue Christine Pires Beaune, rapporteure, d'une bonification de 5 % de la DGF pendant trois ans pour les communes nouvelles dont la population regroupée est comprise entre mille et dix mille habitants. Il faudrait cependant prévoir explicitement que ce bonus s'applique à la population nouvelle globale de la commune et non aux populations agrégées des anciennes communes. Ainsi, la commune nouvelle pourra bénéficier du dispositif de droit commun qui fait que la DGF par habitant augmente en fonction de la strate de population de la commune. »*

Passage essentiel. Il faut bien fouiner dans les applications des lois pour obtenir la réalité de notre pays où les habitants des villes bénéficient d'une redistribution supérieure à ceux des villages... ils sont naturellement plus importants... « *la DGF par habitant augmente en fonction de la strate de population de la commune.* » Conforme à la Constitution !

Au tour de M. Jean-René Marsac (cadre, "Socialiste, républicain et citoyen") : « *L'incitation à la création de communes nouvelles encourage certes les petites communes à se pencher sur la possibilité d'un regroupement, mais aussi les nouvelles agglomérations qui ont débordé les limites communales à s'adapter afin de pouvoir s'exprimer complètement.*

Face aux difficultés du regroupement de communes, la France a choisi de favoriser l'intercommunalité dès les années soixante par la mise en place de syndicats intercommunaux. Il en résulte depuis quelques décennies une confusion entre deux nécessités, construire des intercommunalités dans une optique de développement économique et de grands équipements d'une part et réduire le nombre de communes d'autre part, alors même que leurs objectifs et leurs fonctions sont de nature différente. Il importe de maintenir le niveau communal, à condition qu'il soit en mesure de satisfaire les besoins élémentaires tels que l'école, la petite enfance, la gestion des espaces publics, l'entretien de la voirie, l'animation locale et l'organisation du vivre ensemble.

L'objectif minimal d'une commune doit être de faire fonctionner une école. C'est par la voie du regroupement au sein de communes nouvelles que les 20 000 communes comptant moins de 500 habitants y parviendront. La commune reste l'échelon de proximité par excellence entre élus et citoyens et il est nécessaire de maintenir un fort niveau d'engagement citoyen par le biais du conseil municipal et de l'action municipale. La démocratie participative ne saurait se résumer à la consultation et au forum permanent. Elle doit aboutir à la décision et à l'action de proximité. Les conseils municipaux en sont le lieu ad hoc. Il convient donc de leur donner toute leur place dans notre architecture démocratique, même s'il faut aussi s'interroger sur la démocratie municipale elle-même. En effet, certains de nos concitoyens, qui suivent de très près, et c'est heureux, les travaux de l'Assemblée nationale, sur internet par exemple, connaissent paradoxalement mieux l'action de nos assemblées que celle de leur conseil municipal ! Il y a donc dans le fonctionnement de la démocratie municipale et les moyens de communication des choses à revoir. »

Mine de rien, quelques mots essentiels, de Jean-René Marsac : « Face aux difficultés du regroupement de communes, la France a choisi de favoriser l'intercommunalité dès les années soixante par la mise en place de syndicats intercommunaux. » Pour ceux qui l'ignoraient, l'intercommunalité fut bien un piège tendu aux villages... Et les "communes nouvelles" représentent une nouvelle étape pondue par nos technocrates dont les politiques (la plupart !) ne semblent qu'être les relais... Sans état d'âme il précise même, comme s'il ne devait être entendu que par des convaincus : « *Il en résulte depuis quelques décennies une confusion entre deux nécessités, construire des intercommunalités dans une optique de développement économique et de grands équipements d'une part et réduire le nombre de communes d'autre part, alors même que leurs objectifs et leurs fonctions sont de nature différente.* »

Quel cynisme dans : « *Il importe de maintenir le niveau communal, à condition qu'il soit en mesure de satisfaire les besoins élémentaires tels que l'école, la petite enfance, la gestion des espaces publics, l'entretien de la voirie, l'animation locale et l'organisation du vivre ensemble. L'objectif minimal d'une commune doit être de faire fonctionner une école. C'est par la voie du regroupement au sein de communes nouvelles que les 20 000 communes comptant moins de 500 habitants y parviendront. La commune reste l'échelon de proximité par excellence entre élus et citoyens...* » Ils ont fermé l'école et fermeront la commune car elle n'a pas su maintenir une école !

Quant à « *l'organisation du vivre ensemble* » elle semble abandonnée partout en France. Villes comme... villages... Seules des associations parfois s'en préoccupent, quand elles ne sont pas l'émanation d'un clan désireux de maintenir ses privilèges locaux (non, ça n'existe pas, "l'association communale" ?...)

Malheureusement, c'est une réalité, même à la campagne : « *certains de nos concitoyens, qui suivent de très près les travaux de l'Assemblée nationale, sur internet par exemple, connaissent paradoxalement mieux l'action de nos assemblées que celle de leur conseil municipal ! Il y a donc dans le fonctionnement de la démocratie municipale et les moyens de communication des choses à revoir.* » Le Conseil Municipal de campagne vire parfois à l'organisation secrète où se décide le plan d'occupation des sols (qui obtiendra le jackpot du passage en terrain constructible ou quel ami artisan, ou mari d'élue, obtiendra la restauration de la salle des fêtes...)

Puis ce fut la "discussion des articles." Avec l'amendement numéro 14 du Gouvernement. M. André Vallini, secrétaire d'État : « *Cet amendement est nécessaire pour lever le risque* d'inconstitutionnalité que présente la rupture d'égalité entre les communes nouvelles et les communes de même strate démographique. Le Conseil constitutionnel a récemment rappelé, dans sa décision « Commune de Salbris » du 20 juin 2014 répondant à une question prioritaire de constitutionnalité, sa vigilance en matière de respect du principe d'égalité, en particulier devant le suffrage. Afin d'éviter une sanction constitutionnelle, nous vous proposons donc cette mesure de sécurité juridique consistant à ne pas retenir le principe de surclassement démographique des communes nouvelles dans la détermination de l'effectif de leur conseil municipal.

(…)

Deux communes de mon département veulent se marier depuis le Second Empire mais, les alternances y étant très fréquentes, quand le conseil municipal d'Eclose est d'accord celui de Badinière ne l'est plus, et réciproquement ! Quant aux mariages interdépartementaux, Alain Tourret appréciera en amateur d'histoire le cas de deux communes qui y aspirent, les deux communes homonymes de Pont-de-Beauvoisin, l'une en Isère et l'autre en Savoie. C'est ici que Mandrin échappait à la police du roi Louis XV, en franchissant le pont qui l'emmenait en Savoie !

Bref, ça bouge. On sent sur tous nos territoires un mouvement qui va croissant de maires désireux d'aller plus loin. J'ai reçu cette semaine l'un d'entre eux, conseiller général du Pas-de-Calais, qui envisage même une fusion à cinq – Alain Tourret dirait que ce sont de grands libertins (Rires) – qui aboutirait à une commune nouvelle de 43 000 habitants ! On est loin des exemples de quelques centaines d'habitants ! Le mouvement existe. Il faut l'encourager. C'est ce que font ces deux propositions de loi, et j'en remercie encore Christine Pires Beaune et Jacques Pélissard. »

Ils savent "être drôles" ces grands enfants. Mais il s'agit bien d'éviter une censure du Conseil Constitutionnel...

Mme Christine Pires Beaune, la rapporteure : « Le risque d'inconstitutionnalité soulevé par le Gouvernement à raison d'une rupture d'égalité ne me paraît pas pouvoir être retenu. Tout d'abord, pour qu'un recours prospère devant le Conseil constitutionnel, il faudrait que cette facilité mette en cause un droit ou une liberté constitutionnellement protégé. Or ce n'est pas le cas : tous les conseillers qui seront élus le seront dans le respect de la stricte égalité devant le suffrage universel.
Ensuite, dans l'interprétation du Conseil constitutionnel, le principe d'égalité ne vaut que pour des personnes dont les situations sont équivalentes. Or on peut considérer qu'une commune issue d'une fusion de communes est, au moins pendant les premières années, dans une situation différente des autres, ce qui justifie pleinement que la taille de son organe délibérant soit, pour un seul mandat, d'un format légèrement supérieur. »

Décalons l'éventuel frein à la fusion : vous déciderez du nom de la commune nouvelle... ou presque ! Là résiderait l'enjeu essentiel ! Les gens tiennent à un nom et non à un mode de fonctionnement...

Mme Christine Pires Beaune : « *Toujours au cours des auditions que nous avons menées conjointement avec M. Pélissard, les maires des communes nouvelles nous ont signalé que le nom de la commune nouvelle était un enjeu qui pouvait poser problème. Il nous a donc paru opportun de faire en sorte que les communes qui seront associées au sein d'une commune nouvelle puissent être interrogées sur son nom, à partir d'une ou plusieurs propositions du représentant de l'État dans le département.* » Presque pitoyable. En tout cas risible.

Quant aux communes nouvelles interdépartementales et interrégionales...

M. Jean-René Marsac : « *Des intercommunalités se sont d'ores et déjà constituées sur des territoires à cheval sur plusieurs départements et régions sans que cela ne pose problème en matière de démocratie, en termes de compétences ni en termes de contrôle administratif. Il me semble aujourd'hui indispensable de permettre la création de communes nouvelles interdépartementales et interrégionales.*

Pour créer une commune nouvelle à cheval sur plusieurs départements ou régions, la loi exige à ce jour une modification des limites territoriales des départements et des régions concernés le cas échéant. L'amendement adopté en commission à l'instigation de M. Pélissard permet d'alléger cette procédure, en tout cas de l'accélérer. Cette disposition reste néanmoins trop contraignante. Le mouvement de regroupement de communes peut se faire en plusieurs étapes, c'est-à-dire que la création de la commune nouvelle peut se faire en associant progressivement trois, puis quatre, puis cinq communes, auquel cas les limites départementales deviennent mouvantes. Je ne suis pas certain que les départements et les régions y consentent, et je crains par ailleurs que cela ne constitue un obstacle majeur pour les populations concernées, qui accepteront peut-être d'adhérer à une commune nouvelle mais pas nécessairement de changer de département et donc de préfecture. »

Bref, tous les mêmes idées... (ou presque !) Car les communes rurales ne sont plus représentées à l'Assemblée !

M. Jacques Pélissard : « *Il faut tout de même resituer les choses. Quand on crée une commune nouvelle, c'est pour être plus efficace, au plan financier, au plan humain et dans la réalisation des projets territoriaux. On a une volonté de mutualisation maximale. Quand on est en intercommunalité, on passe beaucoup de temps en réunions. La commune nouvelle va donc faire faire des économies de frais de fonctionnement et de moyens. »*

Les intercommunalités ne fonctionnent pas... Il faut donc créer un autre bazar ! Au sujet des communautés de communes l'analyse du cas "Quercy Blanc" et son Jean-Claude Bessou permettra d'apporter de l'eau au moulin Pélissard.

M. Jacques Pélissard suite : « *Si on atteint ce fameux seuil de 5 000 habitants en dessous duquel on n'est pas suffisamment efficace, pourquoi imposer tout de suite – car vingt-quatre mois, c'est tout de suite – l'obligation de se raccorder à une intercommunalité ?*

Je suis en intercommunalité, comme beaucoup d'entre nous : c'est très long, et très lourd comme fonctionnement. Le budget passe devant le bureau, le bureau élargi aux maires, la commission, le conseil communautaire... Cette lourdeur née de l'intercommunalité, nous pourrions très bien, pendant un temps de réflexion et de rodage, l'épargner aux communes nouvelles de plus de 5 000 habitants, sachant qu'en dessous, bien sûr, une petite commune nouvelle doit être rattachée à une intercommunalité." »

La réponse de M. Olivier Dussopt : « *Nous ne pouvons pas suivre Jacques Pélissard, tout en partageant, paradoxalement, une partie de ses arguments.*
Le choix de la commune nouvelle, c'est le choix de l'efficacité et de la mutualisation. Le choix de l'intercommunalité, c'est celui de la solidarité, de la mutualisation et aussi de l'efficacité. [oui, ces propos méritaient le gras]
À notre sens, les communes nouvelles de plus de 5 000 habitants doivent rejoindre dans le délai prévu, c'est-à-dire vingt-quatre mois, ce qui ne nous paraît pas un délai court, l'intercommunalité, soit pour pouvoir bénéficier de sa force de frappe et de ses moyens lorsqu'elle est importante, soit pour jouer le rôle de ville-centre de cette intercommunalité, c'est-à-dire d'un bassin de vie et d'emploi. »

Le cas des "territoires ruraux" va arriver : M. Joaquim Pueyo (Retraité de la fonction publique, "Socialiste, républicain et citoyen") : « *Dans sa rédaction actuelle, la proposition de loi prévoit des dispositifs d'incitation financière à destination des* communes nouvelles créées avant le 1er janvier 2016, sous réserve qu'elles rassemblent moins de 10 000 habitants ou qu'elles se substituent à un EPCI existant. Ces dispositifs sont de diverses natures : exonération de la baisse de DGF et stabilisation des montants perçus, y compris de la part compensation et consolidation pour les communes nouvelles se substituant à des EPCI existants.

Ce dispositif, qui vise à reconnaître et à accompagner la démarche volontaire dans laquelle s'inscrivent ces territoires, a toute sa valeur. Cependant, il cible avant tout les territoires ruraux et il conditionne le mécanisme d'incitation financière au respect d'un calendrier qui me paraît très contraignant, avec une création au 1er janvier 2016.

Ce calendrier, outre qu'il laisse trop peu de temps aux élus locaux pour formaliser leur projet, ne permet pas la prise en compte des dispositions à venir de la loi NOTRe, qui prévoit un renforcement de la carte intercommunale d'ici au 1er janvier 2017 autour de communautés de communes redessinées à l'échelle des bassins de vie regroupant au minimum 20 000 habitants.

Le présent amendement a donc vocation à étendre les dispositions prévues au présent article à toute commune nouvelle qui serait créée à compter du 1er janvier 2017, quelle que soit sa configuration.

Je voudrais mettre l'accent sur les villes moyennes, de plus de 10 000 habitants, auxquelles va échapper cette incitation financière.

Dans la mesure où les mécanismes sont calculés en

fonction de l'année n-1, il demeurerait très incitatif de créer une commune nouvelle avant le 1er janvier 2016 : au 1er janvier 2017 en effet, deux années de baisse consécutive auront redimensionné la base de calcul de la DGF. Dans le même temps, cet amendement permettrait toutefois aux communes nouvelles créées à cette date d'éviter une année de baisse de dotation, sans présager des décisions futures en la matière. »

Attention, faire les lois, relève de la pratique commerciale ! Démonstration de Mme Christine Pires Beaune : « *D'abord, comme tout bon commercial le sait, une offre ne vaut que si elle est limitée dans le temps. Pourquoi créer une commune nouvelle dès maintenant, au 1er janvier 2015 ou 2016, si les avantages paraissent plus intéressants en 2017 ?*

L'important, dans le pacte financier, est qu'il permette aux communes de sauter le pas dès maintenant et le plus vite possible. Après trois ans d'application, il sera toujours temps pour le législateur de mesurer l'impact de cette garantie et de juger sur pièces. Si elle a convaincu peu de communes, il pourra l'élargir en supprimant les critères de taille ou de regroupement au sein d'un EPCI. Si au contraire elle en a convaincu un grand nombre, la pérennité du dispositif ferait peut-être porter un poids trop lourd à la DGF des autres communes.

Par ailleurs, la garantie de maintien des dotations n'est attractive que parce que les montants de la DGF, vous l'avez dit tout à l'heure, monsieur le président, seront en baisse en moyenne de 7 % par an dans les trois prochaines années. Par la suite, si la DGF ne peut être maintenue ou augmentée, la simple garantie du montant perdra de toute façon tout attrait. »

Suivi d'un petit bémol par M. Joaquim Pueyo : « *Je ne suis pas totalement d'accord avec les arguments qui viennent d'être énoncés. Ainsi, il faudrait franchir le pas immédiatement ? Certes, c'est ce que feront certaines communes pour des raisons financières, mais qu'en est-il du projet autour d'un bassin de vie ?*

Il me paraîtrait plutôt intéressant de laisser un peu de temps aux communes pour réfléchir à un véritable projet de développement. Cela permettrait de travailler sur le fond, au lieu de chercher seulement à bénéficier d'une incitation financière. C'est cela, l'esprit de mon amendement : laisser un peu de temps de réflexion aux communes car il ne s'agit pas de se regrouper pour se regrouper mais de travailler ensemble à l'émergence d'un pôle de vie.

Je dis aussi au Gouvernement qu'il serait une erreur de ne pas tenir compte du rôle important que jouent les villes moyennes. Elles disposent en effet de services, d'équipements sportifs et culturels, de zones industrielles qu'il importe de renforcer. C'est le sens de mon amendement : prenons le temps d'un travail de fond, cherchons à créer les communes nouvelles d'une manière logique, et donc autour des bassins de vie ! »

Mais il est fou, ce monsieur, de vouloir « *laisser un peu de temps aux communes pour réfléchir.* » Si on laisse les gens réfléchir, les technocrates sont foutus ! Il faut vendre aux maires ce principe de communes nouvelles bien avant les prochaines élections municipales... Et surtout bien appuyer le couteau de la diminution des dotations de l'état...

Quasi-consensus... M. Olivier Dussopt résume : « *Mon explication de vote sera sans surprise, monsieur le président, puisque le groupe SRC avait annoncé qu'il voterait cette proposition de loi.*

Je reviendrai seulement sur deux points. Je veux d'abord me féliciter du consensus qui nous a permis d'avancer sur cette question, malgré les quelques divergences, les quelques nuances et peut-être même les quelques réserves qui se sont exprimées. »

M. Marc Dolez intervient : « *Il n'y a pas de consensus !* » Aucune émotion chez l'orateur, juste de la dialectique : « Alors parlons d'un quasi-consensus, mon cher collègue ! »

Puis vint M. Alain Tourret : « *Monsieur le président, madame la ministre, le groupe RRDP soutiendra cette proposition de loi, qui est la bienvenue.*

Nous devrons faire preuve de beaucoup de courage et de ténacité, car la résistance des élus locaux, que l'on semble pour l'instant tenir pour négligeable, sera vraisemblablement très forte. »

M. Marc Dolez : « *On l'espère bien !* »

M. Alain Tourret : « *Ils n'écouteront pas tous notre ami Marc Dolez, mais leur penchant naturel les porte plutôt vers le statu quo que vers la nouveauté... Il faudra donc beaucoup de courage pour les mener vers cette nouveauté, qui est indispensable et qui constituera un grand progrès.*

Je veux, pour terminer, adresser mes félicitations à Jacques Pélissard, excellent président de l'Association des maires de France et véritable républicain, comme il l'a démontré aujourd'hui. »

Jacques Pélissard, ce héros... Le PS a su donner à un UMP la conduite du carrosse des villes nouvelles...

Mme Marylise Lebranchu, ministre : « *Je m'associe aux chaleureuses félicitations qui ont été adressées à M. Pélissard, lequel a fait preuve, cela a été dit, de beaucoup de pugnacité. Je salue son choix de la parité, dans tous les sens du terme, y compris politique : le texte, ainsi, a pu être présenté dans de bonnes conditions et voté à une très large majorité !* »

M. Jacques le héros : « *Monsieur le président, madame la ministre, mes chers collègues, je veux d'abord remercier ceux qui ont évoqué avec des mots d'amitié et de chaleur mon action à la tête de l'Association des maires de France. Il est vrai que je me suis efforcé d'agir en républicain, avec le souci de faire avancer la cause des communes dans un dialogue exigeant mais constructif avec l'État. Mme la ministre peut en témoigner : nous avons essayé de progresser et de cheminer ensemble, sous le contrôle du bureau pluraliste de l'Association des maires de France.*

Le groupe UMP votera naturellement cette proposition de loi, issue de celle que j'ai moi-même déposée, parce qu'elle prolonge et améliore la loi du 16 décembre 2010. Nous sommes tous des représentants de la nation et nous pouvons travailler ensemble pour améliorer les textes et faire avancer les choses, comme le débat d'aujourd'hui l'a montré : Mme la rapporteure, le co-rapporteur sur la mise en application de la loi que je suis, le Gouvernement et l'ensemble des groupes politiques, à quelques exceptions près, ont été capables de construire quelque chose ensemble.

Nous avons construit ensemble parce qu'il y avait urgence. C'est d'ailleurs pour cette raison que nous avons convenu, avec Mme Pires Beaune, qu'il valait mieux déposer une proposition de loi distincte plutôt qu'un amendement à la loi pour une nouvelle organisation territoriale de la République. La loi NOTRe n'entrera en effet pas en application avant plusieurs mois, alors qu'il y a urgence à ce que les communes utilisent les outils que le présent texte sur les communes nouvelles met à leur disposition. Le temps d'application de la proposition de loi va être limité aux années 2015 et 2016 et il importe donc que les choses aillent vite. C'est la raison pour laquelle le groupe UMP la votera. »

En quelques mots, le héros de cette loi met en exergue le décalage, le fossé, le gap, entre les élus et leur peuple...

M. Paul Molac (Professeur du secondaire, "Écologiste") : « *Le groupe écologiste votera évidemment cette proposition de loi. Je tiens, à mon tour, à souligner l'excellente attitude de M. Pélissard, qui a fait preuve d'un esprit très républicain. Il s'est montré soucieux de faire avancer notre pays, loin des vaines polémiques dont nous sommes trop souvent les témoins dans cet hémicycle.*

Nos communes datent de 1789 et certaines d'entre elles correspondent même aux paroisses qui leur préexistaient. Il va donc falloir nous montrer convaincants pour les pousser à des fusions qui me semblent de bon aloi. La plupart des pays voisins, d'une manière parfois beaucoup plus autoritaire que nous, ont abouti à des communes qui comptent en moyenne 5 000 habitants. »

Pourtant, quelque part, il a raison "l'écolo des villes" : « *Lorsqu'un système institutionnel est vieux de deux cents ans, il me semble utile de le toiletter, voire de le transformer en profondeur. Nous en sommes là aujourd'hui : nous reconnaissons tous que l'action publique n'est pas assez efficace, mais nous nous en tenons tous à des schémas vieux de deux cents ans !* »

Mais quels sont les « *schémas vieux de deux cents ans* » ? Le clientélisme.

Cette première journée de "débats" parlementaires ne laissait aucun doute : Il s'agissait bien d'un combat des installés contre le peuple.

Oui, on pourrait retenir les noms de M. Alain Tourret : « *Nous devrons faire preuve de beaucoup de courage et de ténacité, car la résistance des élus locaux, que l'on semble pour l'instant tenir pour négligeable, sera vraisemblablement très forte.* » et de M. Paul Molac surenchérissant : « *Il va donc falloir nous montrer convaincants pour les pousser à des fusions qui me semblent de bon aloi. La plupart des pays voisins, d'une manière parfois beaucoup plus autoritaire que nous, ont abouti à des communes qui comptent en moyenne 5 000 habitants.* »

Mais qui a suivi ces débats ? Et le peuple sera mis devant le fait acquis. On ne peut pas faire autrement : regroupement !

Un grand foutage de gueule... Mme Marylise Lebranchu, ministre, en conclusion de cette belle journée : « *Je voudrais m'adresser aussi à ceux qui* ont des regrets. Beaucoup de maires de très petites communes souffrent de ne pas avoir de personnel. Je n'ai pas voulu allonger nos débats en donnant trop de chiffres, mais ils montrent que c'est en s'associant que ces élus ont une chance de pouvoir conserver le pouvoir qui est leur.

Or ce texte fait confiance aux élus : nous ne leur imposons rien, nous leur faisons confiance. Nous les laissons libres de faire les choix qui leur permettront de sortir de l'impasse où ils se trouvent parfois dans la gestion d'un espace collectif public qui a besoin d'investissements. Lorsqu'une commune doit répondre à l'appel à projet d'une région, si elle n'a pas de personnel, elle ne le peut tout simplement pas. Notre ambition, c'est donc aussi de remédier à une forme d'injustice créée par l'histoire. »

Hé oui, on a fait entrer les villages dans les impasses de l'intercommunalité et de la région où se décident les subventions vitales, et maintenant on leur signifie qu'ils ne sont pas à la hauteur des exigences ! Y'a des formulaires à remplir et vous n'avez pas le personnel compétent (membre du parti)...

Sénat, 15 décembre 2014

Deux déclarations auxquelles nos vaillants médias ont oublié de donner écho, sûrement pour ne pas gâcher le réveillon de nos dindes...

M. Jean-Pierre Bosino : « *Pour commencer, et quite à remettre en cause la belle unanimité qui règne aujourd'hui dans cet hémicycle, je tiens à rappeler que le consensus n'existe pas. En effet, nous refusons pour notre part de nous inscrire dans ce climat visant à faire de ce débat éminemment politique une simple question de bon sens.*
Le texte dont nous discutons aujourd'hui, et qui résulte de deux propositions de loi présentées parallèlement par MM. Pélissard et Le Roux à l'Assemblée nationale, s'inscrit dans la continuité directe de réformes dont l'échec n'est plus à démontrer et visant à faire accepter la disparition des communes. »

M. Jacques Mézard : « *je suis de ceux qui considèrent que l'avenir, c'est l'intercommunalité...*
(...)
Pour cela, les intercommunalités doivent coller aux bassins de vie, ce qui est incompatible avec les seuils de population arbitraires que veut imposer le Gouvernement, décision se surajoutant au désastreux binôme cantonal. »

C'était donc au Sénat... Séance du 15 décembre 2014. Présidence de Mme Isabelle Debré (épouse de Vincent Debré et "donc" belle-fille de Michel Debré, le garde des Sceaux dans le gouvernement de Gaulle 1958 et autres fonctions ministérielles).

Mme la présidente : « *L'ordre du jour appelle la discussion de la proposition de loi, adoptée par l'Assemblée nationale après engagement de la procédure accélérée, relative à l'amélioration du régime de la commune nouvelle, pour des communes fortes et vivantes...* »

Mme Marylise Lebranchu, ministre : « *Mesdames, messieurs les sénateurs, c'est bien pour répondre aux difficultés des communes les plus petites et pour accompagner la montée en puissance de l'intercommunalité que l'Assemblée nationale a souhaité donner un nouvel élan à la commune nouvelle.* »
Mais bien sûr !

M. Michel Mercier, rapporteur de la commission des lois constitutionnelles, de législation, du suffrage universel, du règlement et d'administration générale : «... *L'expérience le montre, toute tentative autoritaire de procéder à un regroupement des communes dans notre pays est voué à l'échec. Nos communes sont profondément enracinées dans notre histoire – dans notre histoire politique et dans notre histoire tout court, si je puis dire – ainsi que dans notre vie quotidienne.*

Lors de la création des communes en 1789, l'État nouveau n'a fait que reprendre et consacrer des bourgs, des villes, des paroisses qui existaient depuis des siècles et des siècles. On ne peut donc pas faire disparaître d'un coup de baguette magique quelque chose qui a plus de 1000 ans et qui correspond à une réalité humaine profonde.

Néanmoins, les choses changent. Aujourd'hui, certaines communes peuvent avoir envie de se regrouper ou en éprouver la nécessité. Dès lors qu'elles ont fait ce choix, il appartient au législateur de les aider de la façon la plus efficace et la plus démocratique qui soit.

J'ai dit que les tentatives antérieures de regroupement autoritaire des communes avaient échoué. C'est si vrai que notre pays, qui comptait 36 551 communes en 1971, avant la loi Marcellin, en compte aujourd'hui 36 767 ! Non seulement, donc, les communes ne se sont pas regroupées, mais certaines se sont scindées, de sorte que les communes sont plus nombreuses aujourd'hui qu'au moment du vote de la loi Marcellin.

Cette réalité prouve combien la commune est enracinée dans notre vie. Le législateur en a tenu compte, en fondant la loi du 16 décembre 2010 sur un principe différent de celui de la loi Marcellin, du reste fort simple : le volontariat. En d'autres termes, si les communes veulent se regrouper, elles peuvent le faire, la loi organisant une procédure pour le leur permettre.

Permettez-moi d'enjamber les considérations historiques qui figurent dans mon rapport écrit pour insister sur la situation qui résulte du vote de cette loi de 2010.

Les communes nouvelles peuvent être créées à la demande des conseils municipaux de toutes les communes concernées. Certes, trois autres hypothèses ont été envisagées par le législateur, mais il faut bien reconnaître que seul ce cas de figure a une valeur réelle. En effet, si la procédure est lancée sur l'initiative du préfet seul, à la demande de l'organe délibérant de l'établissement *public de coopération intercommunale ou à la demande des deux tiers au moins des conseils municipaux, c'est que l'idée même d'une commune nouvelle n'est pas acceptée, et qu'il convient d'attendre ou de renégocier.*

L'attrait du régime de la commune nouvelle issu de la loi du 16 décembre 2010 réside essentiellement dans l'organisation prévue pour la nouvelle entité ; il tient, en particulier, au statut de commune déléguée reconnu aux communes préexistantes, auxquelles est maintenu un maire délégué. En fait, on applique aux communes nouvelles le schéma prévu par la loi du 31 décembre 1982 relative à l'organisation administrative de Paris, Marseille, Lyon et des établissements publics de coopération intercommunale, dite loi PLM, les maires délégués disposant des mêmes pouvoirs que les maires d'arrondissement de ces trois villes. Cette reconnaissance accordée aux anciennes communes est importante ; c'est un argument qui peut parfois jouer.

En somme, la commune nouvelle, qui est l'unique sujet de droit, compte un seul maire et un seul conseil municipal, mais les communes déléguées conservent un maire délégué, qui symbolise la communauté villageoise maintenue et offre à chaque citoyen la possibilité de continuer à disposer d'un interlocuteur de proximité.

Le régime de la commune nouvelle a été instauré, en 2010, au milieu de réticences nombreuses. (MM. Hervé Maurey et Henri Tandonnet approuvent.) Moi qui siégeais au banc du Gouvernement pour défendre devant le Sénat l'idée de la commune nouvelle, je me souviens que l'entreprise n'a pas été un chemin bordé de roses, et c'est le moins que l'on puisse dire !

Elle l'était d'autant moins qu'aucune incitation financière n'était mise en place pour encourager la création de communes nouvelles : celles-ci devaient simplement se voir appliquer le droit commun, ce qui, du reste, peut être très intéressant : souvent, la commune nouvelle comptant par définition plus d'habitants que les communes antérieures, le changement de strate de population s'accompagne d'une augmentation parfois importante de la dotation globale de fonctionnement. Comme l'on connaît mieux ce que l'on a fait, je prendrai l'exemple de la commune nouvelle que j'ai créée : nous avons bénéficié d'un supplément de dotation de l'État de 150 000 euros, sans aucune majoration, mais du seul fait de l'application du droit existant.

Quel est le bilan de la loi du 16 décembre 2010 ? En vérité, il est extrêmement faible : au 1er janvier prochain, il y aura en France seulement dix-huit communes nouvelles... »

M. François Baroin : « *la proposition de loi que nous examinons ce jour est directement issue des travaux de l'AMF, l'Association des maires de France. Je veux rendre hommage à Jacques Pélissard, mon prédécesseur à la tête de cette association : c'est lui qui, en première lecture à l'Assemblée nationale, a mené le débat autour des enjeux qui nous rassemblent ce matin... »*

Pourquoi les ruraux ne s'unissent pas pour élire l'un des leurs à la tête de "l'Association des maires de France" ? Ils respectent les hiérarchies ?

M. Jean-Pierre Sueur : «...*fusions de communes, communes associées, maires délégués, transformations d'établissements publics de coopération intercommunale en communes, tout a été essayé : la panoplie des dispositifs inventés depuis la célèbre loi Marcellin de 1971 est très riche ! Comme l'ont expliqué plusieurs orateurs, notamment M. le rapporteur, la loi Marcellin n'a pas eu beaucoup de succès – vous-même l'avez montré avec talent, madame la ministre.*

Pourquoi en a-t-il été ainsi ? Et pourquoi en sommes-nous encore là aujourd'hui ? Je le crois, chacune et chacun d'entre nous connaît la réponse à cette question.

Pourquoi est-il si difficile de réunir et de fusionner des communes en France ? Pourquoi y a-t-il parfois plus de « défusions » à la suite de fusions que de divorces dans la vie civile, ce qui n'est pas peu dire ? Pour une raison très simple, mes chers collègues : depuis la loi du 14 décembre 1789, l'une des grandes lois de la République, les Françaises et les Français ont la commune dans leur cœur, et les brillants réformateurs qui se succèdent butent sur cette réalité ! On nous répète à l'envi que ces 36 767 communes sont en nombre excessif, que notre pays en compte davantage que toute l'Europe réunie. Mais la France est la France ! C'est un pays où la diversité se rencontre dans de nombreux domaines (...)

Plutôt que de présenter un inconvénient – ou une multiplicité d'inconvénients –, ces communes, ce sont 550 000 conseillers municipaux, soit autant de citoyens qui, eux, procurent un avantage incomparable : connaître chaque route, chaque chemin, chaque commerce, chaque ferme, chaque entreprise, chaque école, chaque maison… Et lorsque ces diverses réalités sont abordées autour de la table du conseil municipal, alors ces élus savent de quoi ils parlent ! Cette connaissance du terrain, aucune structure technocratique ne saurait l'atteindre. »

M. Jean-Pierre Bosino : « *Pour commencer, et quitte à remettre en cause la belle unanimité qui règne aujourd'hui dans cet hémicycle, je tiens à rappeler que le consensus n'existe pas. En effet, nous refusons pour notre part de nous inscrire dans ce climat visant à faire de ce débat éminemment politique une simple question de bon sens.*

Le texte dont nous discutons aujourd'hui, et qui résulte de deux propositions de loi présentées parallèlement par MM. Pélissard et Le Roux à l'Assemblée nationale, s'inscrit dans la continuité directe de réformes dont l'échec n'est plus à démontrer et visant à faire accepter la disparition des communes.

(…)

Or que nous propose-t-on aujourd'hui à travers cette proposition de loi ? Rien de plus que de « remettre le couvert », si vous me permettez cette expression.

L'objectif affiché est de rendre plus attractives, mais surtout plus incitatives, ces fusions dont personne ne semble vouloir, en mettant en place un certain nombre de mécanismes qui, pour reprendre les mots de Mme la rapporteur à l'Assemblée nationale, visent à lever « certains obstacles institutionnels, financiers, voire psychologiques, qui expliquent les hésitations des élus locaux et des populations. »

Au sein de l'Association des maires de France, j'ai entendu – et ce n'est pas M. Baroin qui pourra me contredire – des maires protester contre cet acharnement à vouloir faire disparaître les communes.

(...)

Comment imaginer que la réponse aux problèmes que rencontrent nos communes puisse être la suppression de ces mêmes communes ?

(...)

On peut donc prévoir que plus le processus de la commune nouvelle rencontrera de succès, plus la dotation des autres collectivités diminuera, puisque le montant de l'enveloppe demeurera le même. »

M. Jacques Mézard : « *Tout d'abord, il serait erroné de penser que la commune nouvelle aurait plus de succès dans les territoires ne s'inscrivant pas dans le fait urbain. Il est plus facile de créer une commune nouvelle en périphérie d'une ville-centre, d'un bourg-centre, que dans le cadre de communes peu peuplées situées à plusieurs kilomètres de ce bourg-centre. Car la peur d'être définitivement abandonnés est très présente chez les quelques élus locaux et habitants déjà privés d'école, de commerces, de services publics : ils imaginent, pas toujours sans raison, que, au sein d'une commune nouvelle, la voirie comme les bâtiments communaux seront délaissés ; ils estiment également que, au lieu de dynamiser leur territoire, la commune nouvelle absorbera définitivement le peu de vie qu'il leur reste.*

(...) Aujourd'hui, ce qui les contraint le plus, madame la ministre, ce qui freine les initiatives, c'est l'accumulation de normes, le poids insupportable de la bureaucratie, l'empilement sur le bureau des élus de textes réglementaires, les schémas nationaux et régionaux, les multiples comités de pilotage, les réunions à la préfecture, et j'en passe. Mettre un coup de pied dans ce fatras administratif : telle est la vraie urgence pour les élus locaux. En dépit des discours à finalité médiatique, on n'en prend pas le chemin !

La création des communes nouvelles se fera très lentement, non seulement parce que le système est encore trop lourd, trop compliqué administrativement, mais aussi, et ce n'est pas une contradiction, parce que la montée en puissance de l'intercommunalité répond à une grande partie des problèmes posés par le nombre des communes.

Sans remettre en cause l'objectif et le bien-fondé de la commune nouvelle, je suis de ceux qui considèrent que l'avenir, c'est l'intercommunalité, et que le vrai moyen de simplifier, de mutualiser, c'est de faciliter le transfert des compétences aux intercommunalités, d'augmenter le nombre de compétences obligatoires avec un dispositif fiscal bonifiant la mutualisation.

Pour cela, les intercommunalités doivent coller aux bassins de vie, ce qui est incompatible avec les seuils de population arbitraires que veut imposer le Gouvernement, décision se surajoutant au désastreux binôme cantonal.

Reste pour les communes nouvelles la question importante de leurs dotations. On n'attire pas les mouches avec du vinaigre et le présent texte prévoit non seulement une garantie de dotation, mais une friandise, par le biais d'une bonification de dotation forfaitaire. »

M. Hervé Maurey : « *Contrairement à ce que certains prétendent, le nombre de communes n'est pas une source de dépenses ou de gaspillage. Je l'avais d'ailleurs dit à un précédent Premier ministre, les petites communes ne gaspillent pour une raison très simple : elles n'ont pas d'argent ! Je crois, bien au contraire, que le bénévolat formidable dont font preuve 500 000 conseillers municipaux est une source d'économie.* »

Assemblée nationale : discussion en séance publique. Mercredi 11 février 2015.

M. le président : « L'ordre du jour appelle la discussion, sur le rapport de la commission mixte paritaire, de la proposition de loi relative à l'amélioration du régime de la commune nouvelle, pour des communes fortes et vivantes (no 2524). »

Mme Christine Pires Beaune, *rapporteure de la commission mixte paritaire* : « Monsieur le président, monsieur le secrétaire d'État chargé de la réforme territoriale, mes chers collègues, trois mois après l'examen en première lecture des propositions de loi identiques déposées par Jacques Pélissard et par les membres du groupe socialiste, républicain et citoyen, je me réjouis de pouvoir vous présenter un texte sur lequel un consensus a pu rapidement se dégager, au sein de notre Assemblée comme au Sénat.

Il y avait en quelque sorte urgence, car cette proposition contient des dispositions qui seront applicables aux communes nouvelles dont le principe de création aura été validé avant le 31 décembre 2015 ; il importe donc de pouvoir fournir aux élus municipaux intéressés – et nous savons tous qu'ils sont nombreux – un cadre leur permettant de mettre en place dans les dix mois restants un projet de création d'une commune nouvelle.

Je rappellerai brièvement que si les 36 767 communes représentent la base de notre organisation territoriale, les trois quarts d'entre elles comptent moins de 1 000 habitants et ont parfois beaucoup de mal à entretenir leur patrimoine et, surtout, à proposer de réels services à la population.

Face à cet émiettement, le développement de l'intercommunalité a pallié le maintien de la carte communale héritée des paroisses de l'Ancien Régime, mais nous arrivons aux limites de l'intégration intercommunale. Même si les structures intercommunales ont permis de mettre en place des services à la population et des actions de développement inenvisageables à l'échelon d'une commune, la mutualisation des équipements et des moyens reste insuffisante. Il convient donc de renouer avec un mouvement de grande ampleur visant au rapprochement des communes, sur la base du volontariat et de l'expérience du travail en commun. (...)

Enfin, sur délibération concordante ou à la demande d'une commune ayant une pression fiscale inférieure de 20 % à celle de la commune la plus imposée, la commune nouvelle peut mettre en place un dispositif d'intégration fiscale progressive.

Cependant, il faut le reconnaître, le bilan reste modeste : en quatre ans, seules dix-huit communes nouvelles ont été créées.

Aussi avons-nous décidé de rendre le régime des communes nouvelles plus attractif en levant certains obstacles institutionnels, financiers, voire psychologiques, qui expliquent les hésitations des élus locaux et des populations... (...)

Permettez-moi enfin de remercier très sincèrement les services de la commission des lois ainsi que ceux de la direction générale des collectivités locales. (Applaudissements sur les bancs des groupes SRC et UMP.) »

M. Paul Molac M. Jacques Krabal et M. Arnaud Richard. : « Très bien ! »

Qu'apporte la communauté de communes du Quercy Blanc à une modeste commune située à 30 kilomètres du "lieu de pouvoir" (Castelnau-Montratier parvenue à éclipser Montcuq, car... pour résumer de manière peu élégante : M. Bessou est en vie contrairement à M. Maury !) ?

La possible progressivité de l'intégration fiscale ne peut masquer qu'in fine il s'agira bien de faire payer les zones délaissées en services publics pour permettre, par exemple dans le Lot, le rayonnement des "espaces touristiques"...

Et l'état ne souhaite nullement « *rendre le régime des communes nouvelles plus attractif en levant certains obstacles institutionnels, financiers, voire psychologiques, qui expliquent les hésitations des élus locaux* » mais faire tomber dans un piège les conseils municipaux, en asséchant leurs ressources financières, ne leur laissant le choix qu'entre augmenter les impôts immédiatement... ou laisser à la "grande structure" la décision d'asséner le coup de massue fiscale dans quelques années.
Bref, il s'agit bien de faire payer plus les "zones abandonnées" pour les abandonner encore plus, en les rendant invisibles...
Mais les orateurs maîtrisent l'art dialectique... le triomphe des sophistes de la Veme République...

M. le président : « La parole est à M. le secrétaire d'État chargé de la réforme territoriale. »

M. André Vallini, secrétaire d'État chargé de la réforme territoriale : «...Votre rapporteur ayant exposé à l'instant, très précisément, le contenu du texte, je me contenterai d'en rappeler l'ambition en le resituant dans la réforme territoriale que nous avons engagée.

Cette réforme, vous le savez, poursuit trois objectifs : la clarté, la compétitivité et la proximité. La clarté, tout d'abord, est nécessaire pour simplifier et rendre plus lisible l'organisation territoriale de notre pays. Plus lisible par les citoyens, bien sûr, mais aussi par les élus locaux, dont l'action est trop souvent freinée par l'empilement des structures territoriales et l'enchevêtrement de leurs compétences.

Le deuxième objectif de notre réforme, c'est la compétitivité des régions, qui assumeront demain des compétences importantes et cohérentes, leur permettant de devenir de vrais moteurs de croissance économique.

Enfin, le troisième objectif de notre réforme, c'est l'efficacité – celle des collectivités locales et de leurs services publics. Or, cette efficacité passe par la proximité.

Pour atteindre cet objectif, l'intercommunalité doit monter en puissance. Le regroupement des communes doit donc s'amplifier, s'approfondir, de sorte, notamment, que la taille des communautés de communes corresponde davantage qu'aujourd'hui aux réalités de la vie de nos concitoyens.

(...)

Or, nous le savons, plus de la moitié de nos communes ont moins de 500 habitants, 86 % moins de 2 000 habitants, 92 % moins de 3 500 habitants, et 97 % moins de 10 000 habitants. Comment pourraient-elles alors relever les défis nombreux que pose la gestion des services de la vie quotidienne, y compris dans les petites communes où nos concitoyens sont, on le sait tous, de plus en plus exigeants ?

(...)

Pour encourager les maires – nombreux, il est vrai – qui hésitent encore mais qui sont prêts à s'engager dans cette voie, il faut leur dire qu'en unissant leur commune à sa ou à ses voisines, ils ne la feront pas disparaître ; ils lui donneront une vie nouvelle et chacun d'entre eux restera dans l'histoire de sa commune d'origine comme celui qui lui aura fait épouser son siècle...»

M. Jacques Krabal et M. Paul Molac : « Très bien ! »

Oh le bel argument pour séduire les maires collaborateurs : « chacun d'entre eux restera dans l'histoire de sa commune d'origine comme celui qui lui aura fait épouser son siècle. »

Et hop : discussion générale.

M. Arnaud Richard (Responsable de relations institutionnelles, "Union des démocrates et indépendants") : «... Plus de 30 000 de nos communes sont ainsi peuplées de moins de 2 000 habitants.

Cette « fragmentation du paysage français », comme l'ont dénommée récemment d'illustres collègues, constitue pourtant une richesse pour notre pays, même si nous avons bien conscience de ses défauts. Héritées de 225 ans d'histoire, les communes sont plus que de simples collectivités territoriales, monsieur le secrétaire d'État, et vous l'avez très bien exprimé. Elles forment une part de notre identité ; elles sont une spécificité française, avec ses avantages et ses inconvénients.

Indéniablement, pour répondre à l'exigence de proximité, l'échelon communal mérite d'être préservé, et il doit l'être. Porteur d'une authenticité et d'une sincérité que d'autres échelons, tel l'échelon intercommunal, n'ont plus, il doit assumer des missions de proximité dans le cadre d'une montée en puissance progressive de l'intercommunalité.

Pour autant, ce phénomène d'émiettement communal a un coût non négligeable, qui a été dénoncé à plusieurs reprises par la Cour des comptes, avec le prisme qui est le sien. Il est vrai que pour les acteurs politiques que nous sommes, cette organisation communale peut parfois s'avérer inadaptée à la conduite de politiques publiques puissantes, stratégiques et efficaces. »

Notre gouvernement s'inscrit dans le cadre de « *politiques publiques puissantes, stratégiques et efficaces* » ? Avec Sylvia Pinel !?

Jacques Krabal (Retraité de l'enseignement, "Radical, républicain, démocrate et progressiste") : « ...En ces temps difficiles pour tous, plus que jamais, « Il se faut s'entraider, c'est la loi de la nature », comme l'écrivait Jean de La Fontaine, dans la fable L'Âne et le Chien. Ainsi, nos communes rurales pourront, si elles le décident, instiller encore plus de solidarité et de proximité entre elles. (Applaudissements sur les bancs des groupes SRC et UMP.) »

M. Arnaud Richard et M. Paul Molac : « Très bien ! »

Puisque "L'Âne et le Chien" sont de retour, je vais pouvoir ressortir ma carte postale "dialogue des ânes"... Mais, il faudrait l'informer d'une terrible réalité, notre cher député : les « *temps difficiles pour tous* » ne le sont pas pour l'oligarchie...

M. Paul Molac : « les Français éprouvent un fort attachement – qui parfois frise l'excès – à la commune, lieu de la démocratie locale. De fait, les maires sont les plus appréciés du personnel politique ! Nous ne sommes pas là pour supprimer les communes ou les forcer à se regrouper, mais pour prendre en compte certaines évolutions. C'est là que réside l'intérêt de cette proposition de loi.

Les communes françaises sont nombreuses – elles représentent 40 % des communes de l'Union européenne – et petites – 85 % d'entre elles rassemblent moins de 2 000 habitants. Il en résulte un émiettement des moyens financiers. Un certain nombre de maires se plaignent de ne pas avoir les moyens de leur politique et de voir, finalement, tout passer par l'intercommunalité. Il est vrai que 80 % des investissements du bloc communal sont réalisés au niveau des intercommunalités. Les maires des petites communes, ou du moins une grande partie des conseillers municipaux, ne sont pas payés et travaillent gracieusement pour la collectivité. Malgré toute l'efficacité de leur travail, ils s'aperçoivent que la mutualisation est nécessaire. »

Peut-on décemment, après avoir observé qu'une « *grande partie des conseillers municipaux, ne sont pas payés et travaillent gracieusement pour la collectivité* » prétendre « *malgré toute l'efficacité de leur travail, ils s'aperçoivent que la mutualisation est nécessaire »* ?

Ne devrait-on pas plutôt expliquer la lassitude des conseillers municipaux par le mépris des politicards pour leur travail et l'obligation de quémander à la communauté de communes (où tout alors, pour les villages, sauf sûrement chez Jean-Michel Baylet, repose sur le maire) ?

Que penser de la suite ?... M. Paul Molac : « D'un caractère peu autoritaire, je ne suis pas favorable à des mesures coercitives. Mais bien que plusieurs dispositifs incitatifs, y compris sur le plan financier, soient prévus, je ne suis pas certain qu'ils suffisent à amener un grand nombre de communes à se fédérer et à former une nouvelle commune. Je note les grandes précautions qui ont été prises et m'étonne qu'un seuil minimum n'ait pas été établi, alors que certaines communes comptent seulement trente, vingt, voire six habitants. Est-ce bien raisonnable ? J'avais fait en commission des lois un parallèle avec le projet de loi relatif à la délimitation des régions, dans lequel on n'a pas hésité à fusionner certaines régions de force, voire à en découper une pour en créer une autre. Je constate que la considération que l'on porte aux collectivités locales peut changer selon leur niveau. Vous me pardonnerez ce trait d'ironie.

Dans le contexte de la montée en puissance des intercommunalités, et même si le projet de loi NOTRe prévoit un certain nombre d'aménagements, le seuil de 20 000 habitants devrait s'imposer pour les EPCI dans la plupart des départements. Dans ma circonscription, des EPCI atteignent tout juste 6 000 habitants. Certains d'entre eux se demandent donc s'il ne serait pas préférable de créer une commune nouvelle, de façon à entrer dans un EPCI plus large, mais avec leurs spécificités et en gardant un certain poids démographique et financier. La réflexion est en cours dans certaines communes, et je ne sais pas encore si ce phénomène gagnera en importance. »

Retenez-moi... Je ne suis pas autoritaire mais quand même, moi le bon écologiste, je transformerais bien ces campagnes en parcs pour les bourgeois de notre parti et les touristes !... Intercommunalités à 20 000 et "communes nouvelles" sont bien les deux faces de l'attaque contre nos villages...

M. Marc Dolez : «... nous ne partageons pas la philosophie du texte en discussion, qui s'inscrit dans la lignée de la réforme territoriale de 2010. Au risque de vous décevoir, madame la rapporteure, notre groupe ne participe pas du consensus sur le texte issu de la CMP (...)

Dans le contexte de baisse brutale des dotations budgétaires – 27 % sur trois ans – et d'élargissement des intercommunalités prévu par le projet de loi NOTRe, qui sera examiné en séance publique à partir de la semaine prochaine, assouplir les dispositions en vigueur afin de favoriser les fusions de communes ne constitue pas une avancée à nos yeux.

Nous réfutons la logique de ces textes qui anticipent en quelque sorte la demande de l'État, en tentant de réduire le nombre de communes – une logique de repli, qui s'inscrit dans le processus d'affaiblissement, voire de disparition à terme, de la commune. (...)

Le raisonnement est clair : les communes rurales, économiquement fragilisées, n'auront guère le choix de procéder autrement face à ce que M. Pélissard a nommé les « assauts » de l'État contre les finances locales.

Alors que le Gouvernement s'apprête à tailler dans la dotation globale de fonctionnement, le pacte de stabilité proposé aux communes nouvelles pendant trois ans constitue, davantage qu'une incitation financière, un risque d'intégration forcée des petites communes.

En effet, les nouvelles dispositions fiscales et incitations financières visant à encourager le processus de fusion ne garantissent nullement le maintien des dotations au-delà de la période transitoire et conduiront mécaniquement à la baisse de la dotation des communes qui n'enclenchent pas de processus de fusion. Plus le succès de la commune nouvelle sera grand, plus la dotation des autres collectivités diminuera, puisque le montant de l'enveloppe globale ne changera pas. À l'évidence, cela ne peut qu'accroître les inégalités territoriales, éloigner les centres décisionnels des citoyens et affaiblir le lien que ceux-ci entretiennent avec la commune.

Personne ne s'étonnera que, pour notre part, nous continuions à considérer que le fait de disposer de plus de 36 000 communes et d'un réseau de 500 000 élus locaux couvrant l'ensemble du territoire est un atout essentiel pour la République et pour la démocratie. Notre attachement à la commune est absolument indéfectible, même si nous sommes naturellement conscients des difficultés que connaissent de nombreuses communes de petite taille, aux capacités financières limitées, pour répondre aux attentes des citoyens et assumer pleinement leurs compétences. La seule réponse possible nous semble à cet égard devoir passer par une coopération volontaire et utile dans le cadre d'une intercommunalité de projet, par une audacieuse réforme de la fiscalité locale et par un approfondissement toujours plus important de la démocratie.

Vous l'aurez donc compris, les députés du Front de gauche voteront résolument contre ce texte ! »

M. François Loncle (Journaliste, "Socialiste, républicain et citoyen") : « C'est bien dommage !»

Que le consensus aurait été beau ! C'est beau une France de villes ? La nuit ? Le 14 juillet ?

Place à M. Jacques Valax (Avocat, "Socialiste, républicain et citoyen") : «...je vais tâcher de redonner le moral à M. Dolez, qui me semble fort abattu et d'un caractère quelque peu réactionnaire – vous ne prendrez pas mal ce terme, cher collègue –, arc-bouté qu'il est sur des certitudes anciennes. Je lui rappelle simplement qu'il s'agit d'une démarche volontaire, que les maires pourront s'approprier pour répondre aux préoccupations des territoires sur lesquels ils exercent leur mission. »

Mais oui, cher maître, on vous croit naturellement, « *il s'agit d'une démarche volontaire, que les maires pourront s'approprier pour répondre aux préoccupations des territoires sur lesquels ils exercent leur mission.* »
Une démarche volontaire, mais on entend d'ici la détonation du pistolet des dotations...

M. Jacques Valax : « Évoquer ce texte, c'est reprendre une nouvelle fois l'étude du mille-feuille administratif de notre pays. C'est aussi constater qu'aujourd'hui, c'est dans les métropoles que se bâtit la croissance de demain. C'est pourquoi – disons-le d'emblée – les métropoles devront être solidaires des territoires, tant il est vrai qu'elles rayonnent et attirent, et que les richesses qu'elles créent devront être partagées. Il appartiendra aux régions de jouer ce rôle de péréquation. En effet, aux côtés de ces grandes métropoles, il faudra des régions fortes pour renforcer la cohésion territoriale. »

Des métropoles qui rayonnent et attirent ? Dans les bandes dessinées socialistes financées par les éditions Privat, soutenues par le Conseil Régional de Malvy Martin et présentées par la Dépêche du Midi ?
Quant à « la croissance de demain » ? Et si elle provenait des campagnes ? Les patates que tu bouffes, ou les truffes, elles proviennent des villes, camarade ?

M. Jacques Valax : « Plaider en faveur d'intercommunalités fortes, cependant, ne revient nullement à remettre en cause les communes, bien au contraire. »
M. Marc Dolez : « Vraiment ? »
M. Jacques Valax : « Dans le nouveau système territorial qui s'esquisse, elles demeureront le seul échelon à disposer de la clause générale de compétences. Pour mener à bien le troisième acte de la décentralisation, il faudra donc des communes partenaires des intercommunalités.
Depuis la loi du 2 mars 1982, déjà ancienne, toutes

nos communes, qu'elles aient 20 habitants ou qu'elles en aient 200 000, disposent des mêmes compétences. Cependant, nous savons bien que les petites communes n'ont pas les moyens humains, techniques et financiers leur permettant de s'investir de leurs missions essentielles et de les assumer.

Comme d'autres, je rappelle que la France regroupe près de 40 % des communes de l'Union européenne, et 90 % de ses 36 000 communes comptent moins de 2 000 habitants.

Au fil de notre histoire, les pouvoirs publics ont tenté en vain de remédier à cet émiettement communal. Après le bilan très modeste de la loi du 16 juillet 1971, dite loi Marcellin, sur le régime de fusion des communes, la loi du 16 décembre 2010 instituant les communes nouvelles a entraîné la création de dix-huit communes nouvelles seulement – certains disent dix-neuf, d'autres treize. (...)

Chers collègues, lorsqu'il est question des territoires ruraux, refusons toute approche résignée et cessons d'opposer la France des métropoles et la France rurale, la France des grandes villes et celle des petites villes, car nous avons besoin des deux. »

Mais des territoires ruraux soumis aux métropoles !

M. Jacques Valax : « Cette proposition de loi s'inscrit dans une conception moderne de l'État. Le rôle de l'État, chers collègues, n'est pas de dire aux collectivités locales comment elles doivent fonctionner, mais de leur fournir les outils adaptés pour créer les synergies nécessaires. La commune nouvelle pourrait être – ou deviendra – l'un de ces outils essentiels qui permettent un maillage efficace de notre territoire. »

Oui, monsieur Philippe Meyer l'avait déjà remarqué : nous vivons une époque moderne !

M. Jacques Valax : « Permettez-moi de conclure ainsi : vous constaterez que nos interventions, cet après-midi, ont beaucoup porté sur les communes, sur les intercommunalités, sur les régions et sur les métropoles, mais personne n'a cité les départements. »
M. Marc Dolez : « Nous en parlerons la semaine prochaine ! »
M. Jacques Valax : « Dès lors, je me dis qu'il faudra demain, dans le cadre de l'allégement du mille-feuille administratif, envisager très sérieusement – je m'en excuse auprès de M. Dolez – la suppression des départements. »
M. Paul Molac : « Très bien ! »
M. Jean Launay : « Pas d'accord, mon cher Jacques ! »

M. Jean Launay était donc présent ! Inspecteur du Trésor, "Socialiste, républicain et citoyen". Député de la 2eme circonscription du Lot. Il aurait pu défendre nos villages ? Ah non, il est "socialiste"... Et Mme Dominique Orliac, de la 1ere circonscription est Bayletonne, Pinelienne, de la Dépêche du Midi. Du PRG, je voulais noter ; que de lapsus ! "Radical, républicain, démocrate et progressiste."

M. Jacques Pélissard a beau avoir porté ce projet, il va nous gratifier d'un aveu essentiel : « Aujourd'hui, pourtant, les communes sont en situation de fragilité, monsieur le secrétaire d'État.

D'une part, elles ont souvent été vidées de certaines de leurs compétences déléguées au profit d'intercommunalités. Ensuite, la dotation globale de fonctionnement connaît une diminution de l'ordre de 27 %, soit une baisse de 11 milliards d'euros entre 2013 et 2017, et une baisse cumulée de 28 milliards ; il y a là un motif de fragilité financière. Enfin, la fragilité des communes est humaine. À ma connaissance, aucun candidat ne s'est présenté lors des élections municipales de mars dernier dans 64 communes, et dans plusieurs centaines, voire plusieurs milliers de communes, les listes municipales étaient incomplètes. »

Dégoûtez les citoyens de la politique et ensuite vous pourrez la réserver à l'oligarchie.

M. Jacques Pélissard : « Dernier point : l'environnement législatif. Monsieur le secrétaire d'État, comme je le redirai dans le cadre de la loi portant nouvelle organisation territoriale de la République, le chiffre de 20 000 habitants me paraît contestable. Nous ne devons pas, en effet, adopter une approche comptable ou arithmétique, mais une approche axée sur les bassins de vie, car tout dépend de la densité des territoires considérés.
Si cependant ce chiffre de 20 000 habitants était retenu, il renforcerait encore la pertinence des communes nouvelles car, dans l'espace très vaste d'une intercommunalité de 20 000 habitants, une petite commune serait marginalisée et n'aurait aucun poids. »

Hé oui, le passage des intercommunalités à 20 000 habitants constitue bien un élément essentiel...

M. Jacques Pélissard : « Mon troisième et dernier élément de conclusion, monsieur le secrétaire d'État, est un fait intéressant, et même amusant : alors que, très souvent, les réformes territoriales sont portées par les gouvernements et que les associations représentatives des élus locaux – départements, régions et communes – mènent souvent un combat visant à retarder ou à démolir le projet gouvernemental, c'est un peu l'inverse qui se passe ici, car ce projet de réforme vient de la base. C'est en effet la base qui l'a conçu, l'a testé devant ces organisations représentatives et le propose. Cela prouve que, dans notre démocratie, on peut faire le pari de l'intelligence collective, qui nous permettra d'avancer plus efficacement ensemble. »

L'association des maires de France semble confisquée par les partis, comme le confirme le passage de Jacques Pélissard à François Baroin, mais serait « *la base* » !
De la même manière, l'association des maires du Lot, département où pourtant le nombre d'habitants ruraux prédomine, est présidée par le maire de Cahors, notre plus grande ville.

M. Alain Fauré : « En France, toutes les politiques visant à la réduction du nombre des collectivités communales ont été des échecs. Ces différentes tentatives avortées s'expliquent par un attachement très fort à l'échelon de base de la pratique de la démocratie.

Pourtant, si certains voient dans la proximité un atout, elle n'est pas sans comporter des inconvénients. De fait, les plus petites communes n'ont pas les moyens de supporter les coûts liés à l'exercice de certaines de leurs compétences et leur capacité à fournir des services publics de qualité est remise en cause. »

M. Jean Launay a finalement causé : «... Ancien trésorier général de l'Association des maires de France, je souhaite au préalable souligner la pugnacité et l'esprit républicain qui ont animé M. Jacques Pélissard, ancien président de l'AMF, qui avait largement débroussaillé le sujet, lors de l'examen de ce texte. (...)
La réforme territoriale mise en œuvre par le gouvernement actuel est un acte majeur de cette législature et ce texte d'initiative parlementaire y participera. »

Ne pouvant présenter la baisse du chômage comme un acte majeur, ni sa hausse, il reste "la réforme territoriale." Vous voyez bien que François Hollande est un réformateur ! La nuit ? En scooter ?

M. Jean Launay : « La commune doit rester et restera l'échelon de proximité, de solidarité et de citoyenneté ; mais en évoluant, ce que nous lui permettons par ce texte, elle ne disparaîtra pas. »

Quand les communes auront disparu nous appellerons communes les 666 mégalopoles du territoire ?

M. Jean Launay : « J'utiliserai les quelques secondes qu'il me reste pour convaincre notre collègue Marc Dolez de nous rejoindre dans un vote qui serait alors unanime. »
M. Marc Dolez : « Ne rêvez pas ! »

M. Jean Launay : « Je veux simplement citer l'exemple des cinq communes du canton de Sousceyrac, dans le nord du Lot, aux portes du Massif central, qui comptent 1 500 habitants et travaillent activement à la mise en place d'une commune nouvelle. C'est pourtant l'hyper ruralité telle que décrite par le sénateur Alain Bertrand dans son récent rapport : c'est la montagne mais c'est surtout – je l'avais ressenti en travaillant avec eux sur ce sujet – le besoin de travailler ensemble pour peser dans les intercommunalités de demain, qui seront évidemment plus importantes. »

M. Philippe Le Ray et M. Paul Molac : « Très bien ! »

Très bien ! Semble donc la phrase essentielle de cette assemblée du consensus... ou presque !

Plus d'informations dans le livre : "*J'aime les ânes, les vrais.*"

Sénat : discussion en séance publique du mercredi 4 mars 2015

M. le président : « L'ordre du jour appelle l'examen des conclusions de la commission mixte paritaire chargée d'élaborer un texte sur les dispositions restant en discussion de la proposition de loi relative à l'amélioration du régime de la commune nouvelle, pour des communes fortes et vivantes. Dans la discussion générale, la parole est à M. le rapporteur. »

M. Michel Mercier, rapporteur pour le Sénat de la commission mixte paritaire : « Monsieur le président, monsieur le secrétaire d'État, mes chers collègues, avec ce petit texte, veillons à distinguer clairement commune nouvelle et établissement public de coopération intercommunale, car la différence entre les deux n'est pas seulement une différence de degré, mais de nature. Il s'agit de créer une vraie commune par la « réunion volontaire » – j'évite à dessein d'employer le terme « fusion », qui rappelle par trop la loi Marcellin – de communes existantes.
Si cette formule suscite l'intérêt des maires et des élus municipaux – ce qui m'a valu d'être invité en Bretagne par deux fois, en Savoie, en Corrèze, en Lozère et dans la Loire pour la présenter (Sourires.) –, elle ne rencontre pas encore, il est vrai, de véritable succès ; »

Ce livre ne me vaudra sûrement pas d'être invité, même dans le Lot, deux fois...

M. Michel Mercier enchaîne sans se soucier de mon interruption naturellement inaudible : « à peine une vingtaine de communes nouvelles ont été créées. Elles seront sûrement plus nombreuses demain. Beaucoup attendent que la Direction générale des collectivités locales, la DGCL, leur fasse connaître le montant des dotations que l'État leur versera. Elles devraient en avoir connaissance autour du 2 avril, juste après les élections... Vous avez bien raison, monsieur le secrétaire d'État, évitons l'affolement ! (Sourires.) Je pense toutefois que chaque collectivité a déjà calculé à peu près le montant de sa dotation et que personne ne devrait être trop surpris. »

Avec le fric, on peut attirer des maires...

M. Michel Mercier précise : « Attention à ne pas créer une commune nouvelle uniquement pour bénéficier d'une dotation supérieure, ce serait une grave erreur, même si, reconnaissons-le, dans un premier temps, ces crédits peuvent permettre de répondre à des situations difficiles. Il faut vraiment en avoir envie ! »

Au fait... ne pourrait-on pas fusionner, se marier, prendre le fric, et ensuite divorcer ?
Des grands groupes ont bien réussi à capter des milliards de notre argent public avec des promesses jamais tenues, avant de quitter notre territoire...
Pourquoi les villages ne niqueraient pas l'état ?
Oui, j'exagère... Mais ils exagèrent tellement nos monarques, nos élus.

Retour aux explications de M. Michel Mercier : « Qu'apporte ce texte par rapport à la loi de 2010, qui créait la commune nouvelle ?

Tout d'abord, il renforce les communes déléguées et les maires délégués. C'est un point essentiel, parce que, quand on veut réformer les communes, la première crainte qui s'exprime est celle de la perte de son identité – je n'aime pas trop ce mot, je préfère celui de « personnalité ». L'intérêt de la commune nouvelle est de conserver les communes historiques au travers de la notion de commune déléguée et de conférer aux maires délégués un véritable rôle d'intermédiaire de la population entre la commune nouvelle et la commune déléguée, c'est-à-dire l'ancienne commune. Les maires délégués seront adjoints, hors quota, de la commune nouvelle. C'est donc une véritable équipe municipale composée du maire, des maires délégués et des adjoints aux maires qui se trouve ainsi instituée.

Ensuite, le texte comporte des garanties financières extrêmement importantes, puisque les communes de moins de 10 000 habitants qui se constitueront avant le 1er janvier 2016 bénéficieront, durant trois exercices, de la garantie du maintien de leur dotation. Si je calcule bien, la période de baisse des dotations devrait s'arrêter juste avant, mais peut-être avez-vous l'espoir, monsieur le secrétaire d'État, de poursuivre la baisse ? (M. le secrétaire d'État opine.) Il me semblait bien que ce n'était pas encore fini... Alors, disons que vos successeurs ne passeront pas à la hausse. Cette garantie financière s'accompagne également d'une augmentation de 5 % de la dotation forfaitaire prévue pour ces mêmes communes. (...)

Les débats en commission mixte paritaire ont été rapides, le texte du Sénat étant proche de celui de l'Assemblée nationale. La CMP a repris en grande partie le texte adopté par le Sénat et s'est essentiellement attachée à régler des différences d'appréciation entre les deux assemblées sur des points qui ne sont pas capitaux. Parmi ceux-ci, on relèvera que, en cas de dissolution du conseil municipal, la modification de sa composition interviendrait lors de son prochain renouvellement, quel qu'en soit le motif, sans attendre le renouvellement général des conseils municipaux. De même, l'adhésion d'une ou de plusieurs nouvelles communes à une commune nouvelle préexistante est considérée comme une extension de cette commune nouvelle et non comme la création d'une nouvelle commune nouvelle. Ce cas n'avait pas été prévu dans la loi de 2010. De plus, le texte fixe un mode de consultation spécifique sur la question du nom de la commune nouvelle. »

Puis s'exprima M. André Vallini, secrétaire d'État auprès de la ministre de la décentralisation et de la fonction publique, chargé de la réforme territoriale. Avec un blabla déjà entendu : «...Vous le savez mieux que personne, plus de la moitié de nos communes comptent moins de 500 habitants, 86 % moins de 2 000 habitants, plus de 92 % moins de 3 500 habitants et plus de 97 % moins de 10 000 habitants (...) Cet essor des communes nouvelles que nous souhaitons impulser avec vous n'est pas contradictoire avec le développement et l'élargissement des intercommunalités. Je rappelle que le projet de loi NOTRe prévoyait initialement un seuil de 20 000 habitants pour créer une intercommunalité. Je ne sais pas quel sera le seuil finalement retenu – l'Assemblée nationale en discute actuellement –, mais il est certain que la plupart des intercommunalités vont s'agrandir au cours des prochaines années et monter en puissance. C'est un mouvement irréversible, c'est le sens de l'histoire. »

Le sens de l'histoire serait donc à la disparition des faibles ? Dans les pays comme entre les continents ?

Mais M. André Vallini apporte des informations fraîches aux Sénateurs : « Arrivant directement de l'Assemblée nationale, je peux vous donner des nouvelles toutes fraîches : le projet de loi NOTRe a été largement amendé cet après-midi et, lorsqu'il reviendra devant le Sénat dans quelques semaines, vous verrez qu'il a été considérablement enrichi puisque, sur l'initiative du Gouvernent, les députés ont voté le transfert obligatoire aux communautés de communes de nombreuses compétences : l'eau, l'assainissement, les déchets, l'électricité – j'ai quitté la séance pour vous rejoindre au moment où l'on discutait de ce sujet –, le tourisme.

Le texte continue donc d'être modifié dans le sens d'un renforcement des communautés de communes et des communautés d'agglomération. L'essor de l'intercommunalité, l'élargissement de leur périmètre et le renforcement de leurs compétences se poursuivront au cours des prochaines années. »
Quand la commune aura été vidée de sa substance, un maire délégué servira à célébrer les mariages.

M. André Vallini toujours : « Les communes nouvelles, là où elles existent, ont déjà permis de rationaliser le fonctionnement communal, de mutualiser les dépenses, de renforcer et même de développer les services à la population, voire d'endiguer la hausse de la fiscalité locale jusqu'à amorcer parfois une diminution des impôts locaux. Ainsi, dans le centre de la France, la commune nouvelle a permis la baisse des taux de fiscalité des communes qui se sont « mariées ». Michel Mercier peut en témoigner, lui qui, dans la commune nouvelle de Thizy-lès-Bourg située dans le Rhône, a réalisé, au 1er janvier 2013, une fusion qui se résume en quelques mots : augmentation de la DGF, taux d'imposition unique, mutualisation des services et des équipements et gains budgétaires sur les polices d'assurance. »

La fusion est nécessaire pour permettre de s'unir contre les assureurs ?

Et M. André Vallini va ressortir l'argument massue : « Pour encourager les maires, nombreux, il est vrai, qui hésitent encore à s'engager dans cette voie, notamment en raison de ce que pourraient penser leurs concitoyens de ce mariage avec une ou deux communes voisines, il faut leur dire que l'avenir est là. Loin de faire disparaître sa commune, il lui donnera au contraire une vie nouvelle et restera sans doute dans l'histoire de celle-ci comme celui qui lui aura fait épouser son siècle, le XXIe siècle. »

Puis la parole fut à M. Jean-Claude Requier. Un autre lotois. Entre Gérard Miquel et Jean-Claude Requier, mon cœur ne balance pas... j'ai deux pieds !...

M. Jean-Claude Requier débute "naturellement" par des chiffres : «...De 1971 à 2009, ont été prononcées 943 fusions, mais aussi 243 «

défusions », ou « démariages », soit finalement un total de 1 100 communes supprimées sur plus de 36 000. Dans la période récente, de 2000 à 2009, ce sont quinze fusions pour dix-huit « défusions » qui ont été prononcées, soit finalement cinq créations de communes nouvelles. »

Et poursuit avec des analyses contestables : « La création d'une commune nouvelle permettra de nombreuses économies, par la rationalisation du fonctionnement, par la baisse du nombre d'élus et des indemnités à verser, par la mutualisation des moyens financiers, humains et immobiliers. Dans certains cas, la commune nouvelle engendrera même des ressources supplémentaires, grâce au changement du seuil de population, et donc de dotations. »

Mais accordons à notre représentant du bon sens lotois (le plus souvent perdu à l'entrée de l'isoloir) : « nous ne pouvons nous empêcher de penser qu'il y a là une contradiction intellectuelle évidente : puisque la commune nouvelle correspond à un objectif de rationalisation et d'économie, il est peu cohérent d'augmenter la dotation globale des communes fusionnées, lesquelles, contrairement à ce qui s'est passé lors de la création des intercommunalités avec la loi Chevènement de 1999, ne procurent pas de nouveaux services à la population. En réalité, il semble que les communes nouvelles s'inscrivent dans une logique bien arrêtée entre les grandes régions que nous avons créées et les très grandes intercommunalités, dont le seuil démographique fixé par le Gouvernement dans la réforme territoriale, et rétabli voilà quelques heures par les députés, se situe à 20 000 habitants.

C'est seulement dans l'hypothèse où l'intercommunalité perd sa taille humaine et sa capacité à s'adapter à des territoires aux histoires et peuplements différents que la commune nouvelle constitue une réponse pertinente. »

Pour nos campagnes peuplées à 10 habitants le kilomètre carré, nous sommes réellement « dans l'hypothèse où l'intercommunalité perd sa taille humaine. »

Mais même les "communes nouvelles" ne seront plus que des coquilles vides aux compétences transmises à la communauté de communes...

Le peuple sera dirigé par des chefs de grandes structures, aux moyens certes considérables pour entretenir le clientélisme mais c'est bien la démocratie qu'on mutile...

M. Jean-Claude Requier enfonce le clou du bon sens... il pourrait rejoindre M. Marc Dolez : « Dès lors que des communes nouvelles atteindront une taille de 5 000 habitants, quel sera l'intérêt d'opérer des transferts étendus de compétences telles que l'école, la voirie ou les équipements sportifs ? Ces compétences pourront parfaitement être gérées à l'échelle de la commune nouvelle. »

Rien à retenir de M. Mathieu Darnaud. Puis vint M. Jean-Pierre Sueur : « De multiples débats ont eu lieu sur le nombre de communes en France. Je ne sais combien de discours ont été prononcés sur cette particularité qui a conduit notre pays, au fil de son histoire, à compter 36 700 communes. On a prétendu que ce chiffre était bien trop élevé, qu'il n'était nullement rationnel.

Pour ma part, j'ai toujours défendu la réalité

communale, comme l'ont fait ceux qui se sont exprimés précédemment, et comme le feront, j'en suis sûr, ceux qui s'exprimeront après moi. En effet, ces communes nées il y a deux cent vingt ans, les Françaises et les Français les portent dans leur cœur. À un moment où, parfois, et même souvent, un certain détachement à l'égard de la classe politique et, plus largement, de la politique, se fait jour, nos concitoyens se rattachent à cette réalité qu'est la commune.

Ce n'est pas du tout un discours conservateur que je tiens. Pourquoi ? Parce que j'ai présenté, il y a quelque temps déjà – en 1992 –, le texte qui a créé les communautés de communes. À cette époque, on m'avait fait de nombreux procès, ici même, au Sénat, mais aussi à l'Assemblée nationale. (...)

Certains soutenaient pourtant que notre souhait de créer des communautés de communes était la preuve que nous voulions effacer les communes. J'avais répondu que les communautés de communes seraient créées par la libre volonté des communes ; c'est ce qui s'est passé pour 94 % ou 95 % d'entre elles. J'avais ajouté que les communautés de communes seraient au service des communes, et que c'était seulement si nous renoncions à créer des intercommunalités fortes que les communes seraient menacées, parce que leur taille les empêcherait d'exercer certaines compétences. »

J'ai des doutes sur le chiffre de "94 % ou 95 %" de communes heureuses de rejoindre une communauté de communes. J'ai plutôt l'impression de fortes pressions déjà aux subventions/dotations sur les réticentes... Mais seulement 5 ou 6% des maires ont osé se plaindre officiellement ? Il y eut des cases à cocher (totalement satisfaits, très satisfaits, satisfaits, indignés) avec la peur des représailles ?

Et nous aurons donc les intercommunalités monstrueuses et les communes vides.... sauf si ?...

Vous êtes impatient(e) de ma sélection des propos de M. Jean-Pierre Bosino ? Car c'est son tour...

M. Jean-Pierre Bosino : «...Nous arrivons donc au terme d'un débat qui, pour nous, n'a pas vraiment eu lieu. Nous regrettons encore une fois la volonté de faire croire à un consensus généralisé sur cette question. Les interventions des uns et des autres montrent qu'il existe un certain consensus, mais nous ne nous y associons pas. Non, il n'existe pas de consensus, surtout parmi nos concitoyens, sur la nécessité de réduire le nombre de communes dans notre pays ! Non, il n'existe pas de consensus sur l'idée que le nombre d'élus locaux et de municipalités serait un obstacle aux évolutions contemporaines ! Non, enfin, il n'existe pas de consensus sur ce texte, qui n'est qu'une réédition de tentatives infructueuses engagées par la loi Marcellin ou, plus récemment, par M. Sarkozy ! (...) ...ce texte qui prétend défendre l'intérêt des communes est pourtant en total décalage avec leurs attentes réelles. (...)

Le constat est là : les communes de notre pays ne manifestent aucune volonté de se dissoudre dans des fusions. Cela ne signifie pas qu'elles rejettent les logiques de coopération, au contraire : pour coopérer, il faut exister. Ce que souhaitent nos collectivités locales, et ce dont elles ont réellement besoin, c'est de travailler ensemble au service des populations, et non de disparaître dans des entités de plus en plus déconnectées de la proximité avec nos concitoyens. (...)

Si le détour par la question budgétaire est inévitable, c'est parce qu'il s'agit de l'argument phare pour justifier le regroupement des communes. « En fusionnant », promet-on, « vous éviterez pendant trois ans la baisse de votre DGF ». Comment peut-on parler d'une mesure « incitative » ? Il s'agit en réalité d'un chantage pur et simple pour des élus locaux pris à la gorge par les politiques d'austérité. Et qu'en sera-t-il une fois expiré le délai des trois années ? Par ailleurs, l'enveloppe globale étant fermée, la DGF diminuera forcément ailleurs.

Enfin, je ne peux conclure sans dire un mot du récent rapport du Commissariat général à l'égalité des territoires, qui prône purement et simplement la disparition des communes, en proposant de transférer la clause de compétence générale des communes vers les établissements publics de coopération intercommunale et en situant à la fois les politiques publiques et les outils de financement et de péréquation, comme la DGF, à ce niveau. Ce n'est ni plus ni moins que la mort des communes.»

M. Jean-Pierre Sueur précise : « Ce rapport n'engage que ses auteurs ! Il n'engage ni le Gouvernement ni le Parlement ! »

M. Jean-Pierre Bosino rebondit : « C'est dans ce cadre que s'inscrit la présente proposition de loi. Elle participe de cette logique que nous refusons, car elle conduit à vouloir toujours éloigner les citoyens des centres de décision, en oubliant que la proximité est le meilleur rempart contre l'exclusion, l'isolement et le déclassement. Ces derniers jours, nous apprenions d'ailleurs que le Gouvernement envisageait même d'attribuer les dotations directement aux intercommunalités dans le cadre d'une réforme de la DGF.

C'est parce que nous ne partageons pas l'idée qu'il faudrait se résoudre à une bonne gestion de la pénurie organisée, quelles qu'en soient les conséquences sociales et démocratiques, que nous ne voterons pas cette proposition de loi. »

M. Jean-Pierre Sueur : « Les rapports n'engagent que ceux qui les écrivent ! »

Elle n'a dû échapper à aucun sénateur éveillé, la parenté de cet aphorisme avec « les promesses n'engagent que ceux qui les écoutent » d'Henri Queuille (1884-1970 oublié mais vingt-et-une fois ministre sous la IIIe et la IVe République) puis repris par le duo Charles Pasqua-Jacques Chirac en 1988.
Et finalement, l'association d'idées constitua sûrement la plus fine des réparties de la journée de M. Jean-Pierre Sueur.

Henri Queuille pourrait également être actualisé par nombre de nos élus : « La politique n'est pas l'art de résoudre les problèmes, mais de faire taire ceux qui les posent. »

Quant à Mme Jacqueline Gourault, heureusement qu'elle arrive avant la fin :

« Quelles sont les avancées du présent texte par rapport à la loi de 2010 ?

Sans être exhaustive, je vais souligner les points

qui me semblent essentiels. D'abord, les auteurs de la proposition de loi se sont attachés à traiter les périodes transitoires, c'est-à-dire qu'ils pérennisent les mandats des conseillers municipaux dans la commune nouvelle jusqu'à leur terme normal. Cette mesure me semble très importante, presque autant que la garantie offerte aux anciens maires d'être maires délégués dans les communes nouvelles, comme Michel Mercier l'a rappelé tout à l'heure.

Ensuite, je me félicite des ajustements relatifs aux règles d'urbanisme. Je n'y reviens pas, mais ce point me paraît aussi très important, notamment pour ce qui concerne les plans de secteur.

Par ailleurs, le texte rappelle également qu'une commune nouvelle peut être créée aussi bien entre quelques communes à l'intérieur d'une communauté qu'à l'échelle d'une communauté tout entière, même s'il est évident que le fait de créer une commune nouvelle n'exonère pas de l'obligation de faire partie d'une intercommunalité. Naturellement, la commune nouvelle disposera d'un délai de vingt-quatre mois, à compter de sa création, pour rejoindre une nouvelle intercommunalité.

On le constate donc bien, la coopération intercommunale se développe en parallèle à la création des communes nouvelles.

Enfin, on notera – je crois que personne n'en a encore parlé – que le texte prévoit aussi des dispositions ad hoc pour les derniers syndicats d'agglomération nouvelle, dont les communes membres devront décider de se transformer soit en communes nouvelles, soit en communautés d'agglomération de droit commun.

Au-delà du fait qu'elle se base sur le volontariat, je pense que cette proposition de loi a pour vocation d'assurer aux communes concernées un passage en douceur vers une commune nouvelle en train de se créer. En effet, elle introduit de la souplesse par rapport au dispositif de 2010.

Bien sûr, il faut citer l'incitation financière, qui n'est pas négligeable dans une période de baisse inédite des dotations aux collectivités. Il est ainsi prévu un pacte financier garantissant pendant trois ans le niveau des dotations budgétaires des communes qui se lanceraient en 2015 ou en 2016 dans la création d'une commune nouvelle regroupant moins de 10 000 habitants ou de toutes les communes membres d'un établissement public de coopération intercommunale à fiscalité propre.

Toutefois, comme un certain nombre des orateurs précédents l'ont rappelé, cette incitation ne peut pas être la motivation principale, car, d'une part, elle ne dure que trois ans, et, d'autre part, il est clair qu'il faut une volonté des élus pour créer une telle collectivité. »

Mais ce n'est pas tout. Mme Jacqueline Gourault fut sûrement pédagogue dans une autre vie : « Pour terminer, je vais m'efforcer de répondre à la question suivante : à quoi cela sert-il de créer une commune nouvelle ? Il y a plusieurs cas de figure.

Tout d'abord, il peut s'agir tout simplement de renforcer la capacité d'action des communes en mutualisant, donc en faisant des économies. Un tel regroupement permet de réaliser des projets d'investissement importants et d'apporter des services à la population. J'ai pu constater une prise de conscience des élus des plus petites communes de la complexité d'un monde où l'on vit dans des bassins de vie, avec des déplacements permanents. La population est de plus en plus exigeante, souhaitant retrouver à la campagne des services qu'elle a connus en ville. Évidemment, lorsqu'elles comptent cinquante ou quatre-vingts habitants, les communes ont parfois du mal à répondre aux besoins de ceux-ci.

Ensuite, des petites communautés de communes vont être amenées à rejoindre des intercommunalités plus grandes à la suite du vote de la loi NOTRe. J'ai pu noter, dans mon département, que les représentants de certaines de ces intercommunalités, qui sont parfois au-dessus du seuil des 5 000 habitants, font le constat suivant : pour que leur territoire ait une chance d'être clairement défendu, il lui faut être constitué en commune nouvelle au moment d'intégrer la communauté de communes plus grande qu'il est appelé à rejoindre.

L'idée de la commune nouvelle peut aussi procéder de la volonté de renforcer un bourg-centre. J'ai pu le constater récemment, alors que j'avais été appelée à Amboise, dans un département voisin du mien, pour faire une intervention sur les communes nouvelles. J'y ai bien senti ce désir de renforcement du rôle d'Amboise, même si son château donne déjà à cette ville une grande renommée.

Enfin, un certain nombre de maires se rendent bien compte que la sauvegarde de leur commune passe tout simplement par la création d'une commune nouvelle, car ces collectivités sont si petites qu'elles n'ont plus de moyens d'action.

Alors, certes, dans certains départements, la sensibilité à ce problème est peut-être moins grande, parce qu'ils comprennent de nombreuses villes comptant plusieurs milliers, voire dizaines de milliers d'habitants, mais, quand on vit dans des départements très ruraux, on voit bien la nécessité de telles collectivités.

En conclusion, le groupe UDI-UC votera bien évidemment en faveur du texte élaboré par la commission mixte paritaire. À notre sens, adopter ce texte est une manière de renforcer le rôle des communes. »

M. René Vandierendonck : « Nous sommes un certain nombre à suivre, comme vous, monsieur le secrétaire d'État, les débats enflammés sur les seuils pertinents pour la constitution des intercommunalités, les bassins de vie, j'en passe et des meilleurs. J'observe d'ailleurs avec intérêt que le rapporteur du projet de loi NOTRe à l'Assemblée nationale a introduit toute une série de dérogations parfaitement argumentées au seuil de 20 000 habitants. »

Le prochain chapitre est consacré au projet de loi adopté par l'Assemblée nationale le 10 mars 2015.

Projet de loi adopté par l'Assemblée nationale le 10 mars 2015

« Plus d'un mois après son adoption par le Sénat, le projet de loi portant Nouvelle Organisation Territoriale de la République (NOTRe) a été adopté, le 10 mars 2015, en première lecture à l'Assemblée nationale...

(...)

Ce texte visant à clarifier le « qui fait quoi » est le troisième volet de la grande réforme territoriale voulue par le président de la République, après la loi sur l'affirmation des métropoles (MAPTAM) et la loi de regroupement des régions.

(...)

Les principaux axes de la nouvelle organisation territoriale fixés par le Gouvernement ont été approuvés par les députés : « Aux régions l'économie, aux départements la solidarité, au bloc communal les services de proximité », comme l'a rappelé André Vallini, secrétaire d'Etat à la Réforme territoriale.

(...)

Enfin, ce texte organise la montée en puissance des intercommunalités. Le relèvement de leur seuil, de 5 000 à 20 000 habitants, avec des adaptations possibles sur des critères objectifs, et l'augmentation de leurs compétences obligatoires, permettent une nouvelle organisation fondée sur les bassins de vie. Ce double mouvement permettra une véritable rationalisation des syndicats intercommunaux, aujourd'hui trop nombreux.

Marylise Lebranchu a redit que le véritable objectif de ce texte était de permettre « qu'un enfant de France, qu'il soit né ici plutôt que là, ait les mêmes chances de réussir. Nous ne pouvons plus accepter que l'on passe de l'hyper-pauvreté à l'hyper-richesse en changeant de trottoir ».

http://www.action-publique.gouv.fr/projet-loi-notre-adoption-premiere-lecture-a-lassemblee-nationale

Mais les enfants de la campagne ne comptent pas... car ils sont nés en villes (maternités) ! Et n'avaient qu'à y rester s'ils voulaient profiter des infrastructures...

L'Article 14 de ce PROJET DE LOI portant nouvelle organisation territoriale de la République, modifié par l'ASSEMBLÉE NATIONALE en première lecture (Procédure accélérée) est "presque drôle de technocratie" :

« « 1° La constitution d'établissements publics de coopération intercommunale à fiscalité propre regroupant au moins 20 000 habitants ; toutefois, ce seuil est adapté, sans pouvoir être inférieur à 5 000 habitants, lorsque le schéma définit un projet de périmètre d'un établissement public :

« a) Dont la densité démographique est inférieure à la moitié de la densité démographique moyenne des départements, au sein d'un département dont la densité démographique est inférieure à cette densité moyenne ; le seuil démographique applicable est alors déterminé en pondérant le nombre de 20 000 habitants par le rapport entre la densité démographique du département auquel appartiennent la majorité des communes du périmètre et la densité moyenne des départements ;

« a bis) (nouveau) Dont la densité démographique est inférieure à 30 % de la densité démographique moyenne des départements ;

« a ter) (nouveau) Incluant la totalité d'un établissement public de coopération intercommunale à fiscalité propre de plus de 15 000 habitants issu d'une fusion intervenue entre le 1er janvier 2012 et la date de publication de la loi n° du portant nouvelle organisation territoriale de la République ;

« b) Ou inclus dans une zone de montagne délimitée en application de l'article 3 de la loi n° 85-30 du 9 janvier 1985 relative au développement et à la protection de la montagne ou regroupant toutes les communes composant un territoire insulaire.

« Le seuil de population peut être également adapté si, dans le projet de périmètre, le futur établissement public de coopération intercommunale à fiscalité propre regroupe cinquante communes membres ou plus ; »

Des effets de seuils sur le sol socialiste. Pour le Lot, le seuil sera donc de ? Pas le courage de calculer ! À quoi bon ! Deviendrais-je aquaboniste ?

Servir l'intérêt général ?...

Nous les modestes citoyens, n'avons plus confiance en nos élus. Des militants s'enthousiasment parfois et essayent de nous entraîner mais fondamentalement le lien est brisé. Le pays pourtant tient, cahin-caha... mais il va encore plus mal politiquement qu'économiquement.
Certes l'oligarchie pense pouvoir continuer à nous berner de longues décennies. Car pour ses membres, au rang desquels les élus se pensent souvent parvenus (mais pour la majorité l'illusion nécessite les réélections) tout va bien. À quand le tsunami, le séisme ? Les oligarques sont persuadés de parvenir à s'abriter ailleurs en cas de grands dangers...

Emmanuel Todd avait résumé le 15 août 2012 : « *La vérité de cette période n'est pas que l'État est impuissant, mais qu'il est au service de l'oligarchie.* »

Ainsi, les prétentions de servir l'intérêt général de ces gens-là nous apparaissent au mieux comme un élan émotionnel...

« Je me suis inscrit en politique pour servir l'intérêt général, ce que je fais en tant que député et en tant que conseiller régional, ce que je ferais aussi si je deviens ministre. Mais mon objectif réside seulement dans l'intérêt général. Ce qui m'intéresse, c'est servir mon pays, quel que soit le domaine. »
David Douillet, juillet 2010, au "*Club Sports Europe 1*".

« On fait de la politique pour servir l'intérêt général et au nom de valeurs et d'idéaux. »
Najat Vallaud-Belkacem, ès ministre des Droits des femmes et porte-parole du gouvernement, sur iTélé, le 9 avril 2013.

« La politique est une formidable aventure humaine, une formidable aventure collective.
Je vais vous dire le fond de ma pensée, ma conviction profonde : on ne fait pas de politique pour son épanouissement personnel !
On ne fait pas non plus de politique parce qu'on rêve de faire voter des circulaires, des décrets et des lois,
On fait de la politique pour servir l'intérêt général ;
On fait de la politique par amour de sa patrie ;
On fait de la politique parce qu'on a des valeurs.
Des valeurs qui vous indiquent le chemin, des valeurs qui dessinent votre Idéal !
Ces valeurs ce sont les racines de notre engagement.
Sans racines, un arbre ne monte jamais bien haut ! »
Xavier Bertrand, discours au Conseil national du Mouvement populaire le 28 novembre 2009.

« Je retire de cette expérience que la politique, pour servir l'intérêt général, requiert plus de courage, de constance, de volonté que de science et de discours. Elle impose de ne pas toujours faire ce qu'il plaît aux habitants d'entendre, mais ce qui est leur vrai intérêt et celui de leurs enfants.
Je veux dire aussi qu'il ne faut jamais confondre fin et moyens. Plus la fin est noble et sociale plus les moyens mis en œuvre doivent être économes (au sens performant du terme). Je continue d'être

indigné d'entendre parfois que si la cause est belle et généreuse on peut être souple sur les moyens. Mais chaque franc économisé sur les moyens peut s'ajouter au résultat de l'œuvre engagée.

Notre fonction d'élu nous appelle chaque jour à respecter des préceptes simples : ne dépensons jamais avec l'argent public ce qu'on ne dépenserait pas avec son propre argent. N'oublions jamais que l'impôt est un prélèvement autoritaire sur le fruit du travail des autres.

Soyons attentifs à l'attente de nos électeurs sans jamais cesser de nous demander ce qui est vraiment leur intérêt et celui des générations futures. Parce qu'au fond, le jugement des électeurs est sans doute un danger temporaire, mais celui de l'histoire est plus redoutable encore car il est éternel. »

Alain Lambert, sénateur-maire d'Alençon, Conseil général de l'Orne. Discours lors de remise de "*la Marianne d'or 1999*", le 17 janvier 2000.

S'ils le prétendent !... Mais les citoyens les croient de plus en plus rarement... De belles paroles et des actes trop différents...

Une interview, publiée le 23 septembre 2013, de Michel Bon (ancien Président de France Télécom et ancien Directeur de l'ANPE) sur un blog, l'écume des choses, sous blogspot.fr, apporte un éclairage sur le sujet :

« - Que vous inspire le monde politique français ?
- Beaucoup de nos hommes politiques semblent venir à la politique pour servir l'intérêt général. Beaucoup ont fait des études qui les préparent à la chose publique. Cependant notre système

constitutionnel est magnétisé par la Présidence de la République, ce qui conduit à ce qu'un grand nombre de carrières ne sont tendus que vers cet objectif. Pour le parti qui n'est pas au pouvoir, hier à gauche et aujourd'hui à droite, c'est une foire d'empoigne et de sévères combats qui sont un défaut propre à notre pays. Et cela conduit aux trucages et aux situations pitoyables que l'on connaît... »

Pourquoi entrent-ils en politique ? Pour servir l'intérêt général ? Ou pour servir leurs intérêts ? Se donner de l'importance ? Se donner l'impression d'exister ? Oublier leurs destins de mortels ?
Ils sont sans doute rares, "les 100% cyniques"... peut-être quelques-un(e)s formé(e)s par leur famille pour entrer dans la carrière... Mais comme dans beaucoup de choses, on y entre avec des convictions louables et on est "mangé par le système"... pertinence du parallèle entre le politique et l'écrivain...
Les systèmes broient les hommes (et les femmes, oui)... et il est quasiment impossible, en littérature, de vivre hors système...
Quant à la politique... qui aujourd'hui peut avoir une chance d'être élu, ne disons même pas à l'Elysée, mais au Sénat ou à l'Assemblée Nationale, et même dans un Conseil Général ou Régional, sans au moins le soutien (qui nécessite le plus souvent l'adhésion, au moins la soumission) à un parti bien installé ?...

Il arrive pourtant qu'un homme se lève...

lyonmag.com présente le 10 novembre 2008 : "L'homme qui a fait tomber Millon"

« Un insoumis

Massif, des mains de bûcheron, un regard perçant, une tignasse blanche... Il suffit de rencontrer Jean Chabry pour comprendre que c'est pas le genre à se laisser intimider. Le style paysan de l'Ain, malin, rebelle. Il parle calmement, en pesant ses mots pour appuyer où ça fait mal. Totalement imperméable aux modes mais également aux pressions.

Pas étonnant que ce père de deux enfants, qui a cédé à son fils son entreprise de fabrication de matériel de soudage électrique, se soit lancé, malgré ses 63 ans, dans ce combat pour empêcher le retour de Millon en politique. Depuis 1998, il n'a jamais baissé les bras, au nom d'une certaine idée qu'il a de la politique. Et il vient de réussir son coup en empêchant Millon de se faire élire sénateur. Sympa et bon vivant, Jean Chabry est au fond un vrai insoumis. Il vient d'ailleurs de se faire suspendre son permis de conduire pour deux mois après avoir été flashé à 200 km/h au volant d'une Mercedes. Mais alors qu'il aurait pu faire sauter le PV pour une erreur de procédure, il a préféré assumer et reconnaître son erreur. Rien à voir, effectivement, avec Millon. »

Une interview réalisée par Thomas Nardone, de Jean Chabry, maire de Jujurieux, dont la totalité mérite lecture. J'extrais :

« - Vous avez subi des pressions ?

Oui, les députés UMP Etienne Blanc et Charles de la Verpillière se sont relayés pour me faire plier. Ils ont joué sur tous les registres, de la douceur à la violence. En me faisant par exemple clairement comprendre que si je ne me retirais pas, ma vie politique était finie. Mais je n'ai pas craqué. Car même si je n'avais aucune chance d'être élu sénateur, mon objectif était clair : faire perdre Millon.

- Pourquoi vous êtes contre le retour de Millon en politique ?

 D'abord pour des raisons éthiques. Car dès 1998, j'ai dénoncé son alliance avec le Front national pour conserver la présidence du conseil régional. Et il n'a jamais fait son mea culpa.

- Pour vous, Millon, c'est un facho ?

 Ce n'est pas un fasciste, même s'il fait partie de cette droite ultralibérale que je condamne. De plus, il est très influencé par sa femme, Chantal Delsol, qui est très conservatrice. Mais l'épisode de 1998 montre surtout que c'est un opportuniste prêt à tout pour conserver le pouvoir. Quitte à pactiser avec l'extrême-droite.

- Mais il affirme qu'il a seulement fait du Sarkozy avant l'heure !

 Ça n'a rien à voir. Millon a passé un accord politique avec les dirigeants du Front national. Alors que Sarkozy s'est simplement adressé aux électeurs du FN pour les séduire.

- D'autres raisons pour vouloir vous débarrasser de Millon ?

 Oui, Millon est en fait une machine à perdre. C'est simple, 1998 a été le point de départ du recul de la droite dans le département de l'Ain. Dès les cantonales de 1998, la gauche a gagné sept cantons. Puis elle a pris le conseil général en 2007. Alors que les grandes villes comme Bourg-en-Bresse ou Belley ont également basculé en mars dernier. Même schéma à Lyon où la liste dissidente de Millon a provoqué en 2001 la division à droite et la victoire de Collomb. Et la droite lyonnaise ne s'est jamais remise de ce traumatisme.

- Mais reconnaissez que Millon c'est un pro de la politique !

Justement, c'est ce que je lui reproche. Car il fait partie de ces politiques qui ont besoin du pouvoir pour exister. Pour eux, le pouvoir est une véritable drogue. Sans ce pouvoir, ils ne sont rien. Voilà pourquoi ils sont prêts à tout pour revenir dans le circuit. Ce qui finit par discréditer la politique. Mais on assiste à un mouvement d'assainissement. Millon a raté son retour, comme Chabert à Lyon, Carignon à Grenoble...

- Vous n'avez pas peur des représailles ?

Si, je sais que ma petite carrière locale est compromise. Car ils vont employer les grands moyens aux prochaines cantonales pour me déloger du conseil général.

- Aucun regret ?

Non, je suis droit dans mes bottes et fidèle à mes convictions. Contrairement à certains politiciens, je ne cherche ni titre, ni pouvoir, ni argent. Ce qui me donne une vraie liberté.

Je suis le fils du facteur de Saint-Paul-de-Varax et le cadet d'une famille modeste de cinq gosses. L'ascenseur social pour moi, ça a été l'école publique. Donc je me suis toujours dit que si je réussissais, je renverrais l'ascenseur. Voilà pourquoi je me suis engagé en politique, pour servir l'intérêt général. Pas pour m'acoquiner avec ces loustics. »

http://www.lyonmag.com/article/9112/l-homme-qui-a-fait-tomber-millon

En 2014, Jean Chabry figurait toujours dans la liste des élus du Conseil Général de l'Ain mais n'était pas candidat pour conserver son poste de maire... peut-être une conséquence de l'affaire l'ayant remis dans l'actualité en 2012 : une comparution immédiate au tribunal correctionnel de Lyon, après avoir causé un accident de la circulation... en état d'ébriété... cette fois au volant d'un 4x4... aggravé d'un délit de fuite... et de blessures involontaires... En 2015 il semble "avoir disparu"...

Pour conclure : « On ne peut pas servir à la fois l'intérêt général et l'argent. »
Par Martin Hirsch, ancien Haut-commissaire aux solidarités actives et à la pauvreté sous le gouvernement Fillon, sur le cas Jérôme Cahuzac.
Le 4 avril 2013, sur *France-Info*.
J'aurais pu le dire mais France-Info ne m'a jamais tendu son micro.

Une dernière du PS, le 30 avril 2013 par "PS Aubagne" : « Il faut absolument mettre fin à cette idée qui court dans l'opinion publique selon laquelle les responsables politiques font de la politique pour s'enrichir, pour l'appât du gain, pour des privilèges. Non ! On fait de la politique pour servir l'intérêt général et au nom de valeurs et d'idéaux. »
Déclaration du "Groupe socialiste et Radical de Gauche" : Patrick Arnoux, Gérard Rampal, Nicole Flouret, Arthur Salone, David Zeitoun, Stéphanie Harkane, Maurice Julien, Benjamin Durand, Fadela Ghassoui, Hélène Lunetta, Jacques Athias.
http://aubagne.parti-socialiste.fr/2013/04/30/expression-de-la-majorite-municipale-pour-servir-linteret-general/

Le Dégoût, chantait Alain Souchon

Avec *le dégoût*, Alain Souchon a su saisir un malaise. Plus tard, il a soutenu une Arlette, jusqu'au jour de 2002 où il s'est aperçu de la réalité derrière la sympathie...

Le dégoût des femmes et des hommes pour notre cinquième République... Qui fut exemplaire ?... Certains remontent au Général de Gaule... Tellement de petites histoires, d'argent... Combien de députés possèdent un compte en Suisse ? Il suffirait pourtant d'enquêtes rapides pour obtenir une réponse...

Le dégoût est là, dans notre pays...

Quand tu entres dans l'isoloir avec le dégoût aux lèvres, tu peux "voter grave"...

Clans, clientélismes

Clan, clientélisme, des mots qui viennent naturellement à la bouche...

2013, primaire PS à Marseille pour les municipales... Marie-Arlette Carlotti, ministre, favorite, laminée au premier tour, dénonce le clientélisme... 2014, municipales à Marseille. Le candidat socialiste Patrick Mennucci subit une cuisante défaite et Jean-Claude Gaudin, 74 ans, entame un quatrième mandat.

Maurice Faure est mort quelques jours avant les municipales 2014. François Hollande s'est déplacé à Cahors pour honorer ce grand homme, 92 ans, dont la meilleure analyse semble avoir été écrite par *Dire Lot* : « *ce que l'on a nommé le faurisme, établi sur les faiblesses géographiques et démographiques du Lot, constitué par un clientélisme qui faisait dire que 'tous ont mangé dans la main du César républicain.'* »

Sur le sujet du clientélisme lotois : «*...ceux qui accusent les autres de clientélisme sont souvent ceux qui n'ont pas réussi à être élus ou réélus. Faire de la politique, c'est être à l'écoute et, par définition, chercher à rendre service.* » Dans "*Des racines, des combats et des rêves*" de Malvy Martin (2010). Le même ajoutait « *j'appartiens à une famille où personne n'a jamais fait fortune.* » Faire fortune débute à combien, monsieur Malvy Martin ? La rémunération d'un président du Conseil régional semble limitée par la loi à 5 512,13 euros et au niveau des intercommunalités de moins de 50 000 habitants à 3 421,32 euros, soit quand même plus de 100 000 euros annuels avec une vie quotidienne largement pourvue de « notes de frais » ; sans oublier son poste de premier adjoint à Figeac jusqu'en 2014... et ses droits d'auteur... un homme ayant en quatre décennies autant cumulé n'aurait pas fait fortune ?... Il fut naturellement photographié aux obsèques du vénérable Faure...

"L'Audace à gauche", *"30 propositions pour la France"* (pour les primaires socialistes 2012) de Jean-Michel Baylet aborde le sujet : « *Certes, la crise actuelle a mis fin au mythe d'une économie libérale autorégulée. Certes, l'UMP a échoué à réformer la France et s'est laissé engluer dans une politique clientéliste et inégalitaire sans ordre et sans cohérence.* » Le clientélisme, c'est les autres ! « *Le véritable enjeu pour la France n'est pas d'augmenter les budgets publics mais de réformer les structures mêmes de notre économie pour préparer l'émergence d'un nouveau modèle de développement, fondé sur une croissance économique socialement juste et respectueuse de l'environnement.*
Ce constat vaut également pour le fonctionnement de notre modèle social, qui est aujourd'hui miné par les inégalités et les conséquences de longues années de renoncement et de clientélisme.
Notre système de redistribution, notre protection sociale et nos services publics se sont dégradés et ont été privés des moyens de lutter contre l'éclatement de la société et le retour des privilèges de la naissance et de l'argent. »
Les *"longues années de clientélisme"*, est-ce un autoportrait ?

Du sud-ouest au Pas-de-Calais... Hénin-Beaumont fut un bastion de la gauche : « *C'est l'histoire d'une*

ville, très mal en point, endettée, et qui règle, en 2007 et 2008, une facture de plus de 400 000 euros de fleurs et de plantes sur demande du maire pour que les rues soient «belles» à la veille des élections municipales. C'est l'histoire d'Hénin-Beaumont (Pas-de-Calais), dirigée par un maire PS, Gérard Dalongeville, mais aussi de tout un système où la solidarité a laissé place au clientélisme. C'est cette bien mauvaise histoire qui va être jugée à partir de ce matin. »
http://www.liberation.fr/societe/2013/05/26/le-systeme-dalongeville-entre-bons-amis-et-mauvais-comptes_905845

Quand ces gens-là manigancent, ici on ne leur fait pas confiance...

Sylvia Pinel, ministre de la ruralité...

Hervé Bourges (ancien président du CSA), interrogé par Jacques Chancel (émission diffusée le 27 mars 2005) : « *La presse régionale qui est une presse indispensable, cette presse dite de proximité. Mais n'a-t-elle pas beaucoup vieilli ? N'est-elle pas une presse encore trop de connivence par rapport aux responsables politiques, économiques, sociaux, culturels, disons de la région.* »
Michel Polac, en mars 2003, aborda également le sujet : « *la presse de province, qui est complètement soumise au pouvoir des notables et des industriels locaux.* »

Nous avons besoin de la presse, de journalistes... mais seule l'indépendance apporte la crédibilité. On ne peut pas servir les intérêts de groupes politiques et ou financiers et ceux de la démocratie. 2ème circonscription du TARN ET GARONNE 2012. Mme Marie-Claude DULAC (FN) obtint 20 417 voix, soit 22,86 % des inscrits et Mme Sylvia PINEL (RDG) 30 445 voix, 34,09 % des inscrits (59,86% des exprimés)...

Aux législatives 2007, bien que M. Jacques BRIAT la devança au premier tour, 37,51% contre 29,17%, madame Sylvia PINEL fut élue avec 50,71% des voix (26 811) contre 26 062 à monsieur Jacques BRIAT. Le candidat Front national était à 5,19 %, celui dit de l'Extrême-droite à 0,67%.
M. Jacques BRIAT déposa un recours devant le Conseil Constitutionnel, enregistré le 26 juin 2007, sa décision du 17 janvier 2008 fut notifiée au

président de l'Assemblée nationale et publiée au Journal officiel de la République française le 23 janvier. Siégeaient alors M. Jean-Louis DEBRÉ, Président, MM. Guy CANIVET, Jacques CHIRAC, Renaud DENOIX de SAINT MARC et Olivier DUTHEILLET de LAMOTHE, Mme Jacqueline de GUILLENCHMIDT, MM. Pierre JOXE et Jean-Louis PEZANT, Mme Dominique SCHNAPPER et M. Pierre STEINMETZ.

« Vu la requête présentée pour M. Jacques BRIAT demeurant à Valence d'Agen (Tarn-et-Garonne), enregistrée le 26 juin 2007 au secrétariat général du Conseil constitutionnel et tendant à l'annulation des opérations électorales auxquelles il a été procédé les 10 et 17 juin 2007 dans la 2ème circonscription de ce département pour la désignation d'un député à l'Assemblée nationale ;
Vu le mémoire complémentaire présenté pour M. BRIAT, enregistré le 30 juillet 2007 ;
Vu le mémoire en défense présenté pour Mme Sylvia PINEL, député, enregistré le 3 septembre 2007 ;
Vu les nouveaux mémoires présentés pour M. BRIAT, enregistrés le 25 octobre et le 15 novembre 2007 ;
Vu les nouveaux mémoires présentés pour Mme PINEL, enregistrés le 31 octobre, le 14 novembre et le 17 décembre 2007 ;
Vu les observations complémentaires présentées pour M. BRIAT, enregistrées le 4 décembre et le 17 décembre 2007 ;
Vu les demandes d'audition présentées pour M. BRIAT et Mme PINEL ;
Vu la décision de la Commission nationale des

comptes de campagne et des financements politiques en date du 11 octobre 2007 approuvant le compte de campagne de Mme PINEL ;
Vu les observations du ministre de l'intérieur, de l'outre-mer et des collectivités territoriales, enregistrées le 31 octobre 2007 ;
Vu la Constitution, notamment son article 59 ;
Vu l'ordonnance n° 58-1067 du 7 novembre 1958 modifiée portant loi organique sur le Conseil constitutionnel ;
Vu le code électoral ;
Vu le règlement applicable à la procédure suivie devant le Conseil constitutionnel pour le contentieux de l'élection des députés et sénateurs ;
Vu les autres pièces produites et jointes au dossier ;
Les parties et leurs conseils ayant été entendus ;
Le rapporteur ayant été entendu ; »

Je vous invite à consulter le JO, en ligne gratuitement, si le dossier vous passionne. Je me contente de reprendre (choix d'un chroniqueur rural dont vous acceptez la liberté de rendre compte, comme il l'entend, de sa consultation de documents sur Internet) :

« - SUR LES GRIEFS RELATIFS A LA SINCÉRITÉ DU SCRUTIN :
1. Considérant que la presse écrite est libre de rendre compte, comme elle l'entend, de la campagne des différents candidats comme de prendre position en faveur de l'un d'eux ; que, dès lors, le grief tiré de ce que La Dépêche du Midi aurait apporté son soutien à la candidate élue et n'aurait pas évoqué la campagne du requérant doit être écarté ;

2. Considérant que les propos rapportés par La Dépêche du Midi et que le requérant qualifie d'injurieux à son égard, pour les uns, ne sont pas imputables à la candidate proclamée élue et, pour les autres, n'excédaient pas les limites de la polémique électorale ;

- SUR LES GRIEFS RELATIFS AU FINANCEMENT DE LA CAMPAGNE DE MME PINEL :

5. Considérant que le requérant soutient que le conseil général du Tarn-et-Garonne a indûment pris en charge les déplacements électoraux de la candidate proclamée élue ; qu'il résulte de l'instruction que les déplacements critiqués ont été accomplis dans le cadre des obligations professionnelles de Mme PINEL en sa qualité de chef de cabinet du président du conseil général ; que, dès lors, le grief doit être écarté ;

7. Considérant que le requérant dénonce la participation de Mme PINEL, le 13 mai 2007, à une manifestation dénommée « la Route du pain », organisée chaque année par le conseil général pour la promotion d'une production locale ; que, toutefois, les circonstances selon lesquelles, d'une part, aucun autre candidat n'aurait été invité à y assister, d'autre part, le président du conseil général aurait fait applaudir Mme PINEL au cours du repas, n'ont pas, à elles seules, donné un caractère électoral à cette manifestation ; que son organisation ne peut, dès lors, être regardée comme un concours en nature d'une personne morale prohibé par les dispositions de l'article L. 52-8 du code électoral ;

10. Considérant que le requérant fait valoir que, dans les mois précédant l'élection, Mme PINEL aurait assuré à temps complet la promotion de sa

candidature alors qu'elle était rémunérée par le conseil général qui l'employait, ce qui constituerait une participation au financement de sa campagne ; que, si Mme PINEL a bénéficié du congé de 20 jours pour participer à la campagne électorale, prévu par l'article L. 122-24-1 du code du travail rendu applicable aux agents non titulaires des collectivités territoriales par l'article L. 122-24-3 du même code, il résulte des pièces produites par le conseil général que la durée de cette absence a été imputée sur celle des droits à congé payé annuel, comme le permet l'article L. 122-24-1 précité ; qu'il n'est dès lors pas établi que le nombre de jours de congés payés pris par Mme PINEL a excédé la limite des droits qu'elle avait acquis à ce titre à la date du premier tour de scrutin ; que, dès lors, le grief doit être écarté ; »

Dans *l'Express* du 19 octobre 2011, avec en couverture « *le vrai pouvoir de La Dépêche du Midi* » et une photo de M. Jean-Michel Baylet, un constat de M. Jacques BRIAT est mis en exergue « *Si l'information n'est pas dans* La Dépêche, *elle n'existe pas, ce sont les avantages d'un monopole.* »
Mais même si le patron du PRG, celui de la Dépêche, et le Président du Conseil Général du Tarn-et-Garonne, c'était le même homme (jusqu'en 2015), il convient de conserver précieusement cette délibération du Conseil Constitutionnel pour l'opposer à toute personne prompte à dénoncer un problème démocratique dans la région : « *Considérant que la presse écrite est libre de rendre compte, comme elle l'entend, de la campagne des différents candidats comme de*

prendre position en faveur de l'un d'eux ; que, dès lors, le grief tiré de ce que La Dépêche du Midi aurait apporté son soutien à la candidate élue et n'aurait pas évoqué la campagne du requérant doit être écarté. »

Les baronnies...

Légalement, par les urnes, des baronnies "républicaines" ont quadrillé le pays.

Est-il bon que des maires se sentent complètement démunis, entre les mains du président de l'intercommunalité et du président du Conseil Général devenu départemental ?...

François Mitterrand, dans sa jeunesse, fustigea "Le Coup d'État permanent"...

Nos nouveaux barons, en toute "logique" (prononcer "cynisme" ?) se réclament même du premier Président prétendu socialiste de la cinquième République.

Il suffit de contrôler la région, quelques départements et la plupart des communautés de communes...

L' intercommunalité...

Décentralisation et intercommunalités sont les deux mamelles des petites baronnies...

Des "petites communes" ont refusé l'intercommunalité... Elles y sont venues. Suite aux "amicales pressions"... l'arme des subventions nationales, régionales, départementales... Puisque vous ne voulez pas entrer dans la grande famille, débrouillez-vous !

Deuxième phase : petites intercommunalités doivent devenir grandes, donc fusionnent...

Si le maire d'une petite commune veut obtenir "une petite chose", il doit se décarcasser en formalités... et surtout ne pas avoir déplu aux chefs... Ainsi la quasi totalité des intercommunalités semblent tenues par des "professionnels de la politique", des encarté(e)s...

Les "grandes responsabilités" y ont été "déléguées"... ainsi à la mairie on répond "ce n'est pas nous mais la communauté"... les petites communes n'y ont qu'un représentant... normalement... et les citoyens restent le plus souvent sans informations sur les décisions et même le mode de fonctionnement...
Heureusement, à Montcuq, la liste conduite par Charles Farreny fut vaincue... sinon il est peu probable qu'elle eut fourni un "Compte-rendu non officiel" des réunions municipales et communautaires...

Il existait la communauté de communes de Montcuq (16 communes) et la communauté de communes de Castelnau-Montratier (7 communes). De taille humaine à peu près équivalente. Depuis le 1er janvier 2014, elles ont fusionné. 23 communes. Environ 7800 habitants.

Ainsi est née la communauté de communes du Quercy Blanc avec « *pour ambition de développer des projets et d'améliorer les services proposés aux citoyens* », d'abord présidée par Jean-Claude Bessou, Conseiller Général du Canton de Castelnau-Montratier... avant les municipales...

http://vivreensembleamontcuq.com : Réunion du conseil communautaire n° 1 du 16 avril 2014 à Cézac.

Publié le 16 avril 2014 :

"Un seul candidat pour la présidence : Jean-Claude Bessou, conseiller municipal de L'Hospitalet, vice président du Conseil Général.

Il s'agit d'un vote à bulletin secret où tous les votants sont appelés tour à tour à passer dans l'isoloir avant de glisser son bulletin dans l'urne. 41 pour, 3 blancs.

M.Bessou propose les vices présidents..."

Ce qui donne :

- Jean-Claude Bessou, président (élu de Lhospitalet)
- Bernard Vignals, premier vice-président (maire de Lascabanes)
- Jacques Rols, deuxième vice-président (premier adjoint à Castelnau)
- Christian Bessières, troisième vice-président (maire de Saint-Matré)
- Maurice Roussillon, quatrième vice-président (maire de Cézac)

- Marie-José Sabel, cinquième vice-président (maire de Sainte-Croix
- Jean-Pierre Alméras, sixième vice-président (maire de Lhospitalet)
- Didier Boutard, septième vice-président (maire de Saint-Laurent-Lolmie)
Le chroniqueur précise : « *Garde, maire de Castelnau-Montratier, trouve important que les maires des deux chefs-lieux de canton ne soient qu'au bureau parce qu'ils ont déjà beaucoup de boulot.* »

Même pas à classer au rayon "humour"... Pour rappel Jean-Claude Bessou était également Vice-président du Conseil Général, ce qui semblerait donc une fonction moins prenante que maire des 1 885 habitants de Castelnau... Quant à Jean-Marc Vayssouze-Faure, maire de Cahors, il parvient à présider le Grand-Cahors, et Martin Malvy, président du Conseil Régional et du Grand-Figeac... ce qui ne constitue même pas, officiellement, un conflit d'intérêts... oh mais oh là là, on a beaucoup de boulot à Castelnau...

Passons aux "*Indemnités du président : max 41,25 % de l'indice brut mensuel 1015, choisi 32%.*" Avec un "*Vote à l'unanimité à main levée.*"
Puis "*des vice-présidents : max 16,5 choix 12%.*"
Et là, c'est le grand moment : "- *Bernard Resseguier, maire de Sainte Alauzie, se lève et dénonce une inflation des indemnités de 10 000 € par rapport à la somme des indemnités des 2 anciennes communautés de communes avant leur fusion. Il est temps d'arrêter la course aux indemnités, propose au moins de ne pas donner pareil à tous les vice-présidents.*

- un autre élu a dit qu'effectivement on pourrait moduler les indemnités
- Bessou répond qu'il comptera bcp sur les vice-présidents. Il explique que les communautés de communes n'ont pas demandé aux comcom de grossir ni de fusionner. Il maintient cette proposition.
- 6 abstentions à main levée."

Ma chanson ne se fredonne pas encore sous leurs fenêtres :

Savez-vous piquer des sous ?

Savez-vous piquer des sous
À la mode
À la mode
Savez-vous piquez des sous
À la mode de Bessou ?

On les pique à Castelnau
Les gogos, les gogos oh
On les pique à Castelnau
Les gogos sont comme des veaux

Savez-vous piquer des sous
À la mode
À la mode
Savez-vous piquez des sous
À la mode de Bessou ?

On les pique jusqu'à Montcuq
Les gogos, les gogos oh
On les pique jusqu'à Montcuq
On t'entube jusqu'à la nuque

Savez-vous piquer des sous
À la mode

À la mode
Savez-vous piquez des sous
À la mode de Bessou ?

On les pique discrètement
30%, 30%
On les pique en s'augmentant
Président 7 vice-présidents

Savez-vous piquer des sous
À la mode
À la mode
Savez-vous piquez des sous
À la mode de Bessou ?

On les pique en souriant
Homme charmant, homme charmant
On les pique délicat'ment
En homme de bonne gauche forcément

Plus 10 000 euros, annuel, bagatelle ? Quand deux communautés fusionnent, naturellement, il s'agit d'apporter un meilleur service à moindre coût aux populations ?

Les indemnités annuelles cumulées des élus des anciennes communautés de communes atteignaient 42 000 euros, environ.

Pour le Jean-Claude Bessou BAND : 52916,46 euros. Soit : +30% !

En première mesure censée marquer les esprits, le président normal FH2012 décréta une baisse du salaire des ministres de... 30%... C'est presque drôle...

Le service aux populations (non membres du PRG) on peut l'imaginer mais pour le coût, c'est déjà un fait... Naturellement, ces indemnités se cumulent aux autres ailleurs acquises...

La réforme des "communes nouvelles" semble bien cynique (donner tous les pouvoirs à une oligarchie) quand un grand coup de balai sur les notables des partis s'impose... La "commune nouvelle", je vais maintenant vous la présenter du côté d'un maire rural, un néo-rural aux racines locales, un homme "ayant réussi" et trop important pour couler des jours tranquilles à la campagne : il peut encore "rendre des services à son pays." Après avoir conquis la mairie, il veut imposer son idée de fusion...

Le petit empereur
veut fusionner les villages

Théâtre de circonstance

Pièce en trois actes

Distribution : deux hommes, une femme.

Trois personnages, la soixantaine : le maire, sa femme et le premier adjoint.

Si seulement trois ans séparent le maire de son épouse, il en paraît vingt de plus.
Le maire, ancien "très haut dirigeant" de très grandes entreprises, physiquement très éprouvé, ses mains, son visage tremblent, il parle lentement.
Madame, sa femme, très coquette, après une vie de dilettante plus ou moins "passionnée par l'art", ayant simplement constitué un divertissement.
Le couple est revenu dans la maison familiale quelques mois avant les dernières élections municipales où monsieur a facilement conquis la mairie.
Le premier adjoint, au village depuis une trentaine

d'années, aux compétences reconnues, reste considéré comme un étranger. Dans ce sud-ouest, il convient de présenter au moins trois générations d'ancêtres locaux avant de pouvoir être admis "du pays".

Les trois actes se déroulent dans le vaste salon du couple aux deux majestueux fauteuils.

Durée : 1 heure 15.

Contact : http://www.dramaturge.fr

Acte 1

Face à face, dans leurs fauteuils, monsieur le maire et son épouse.

Le maire : – En six ans, je ferai plus que les vingt-trois maires réunis de notre histoire.

Madame : – Si mon père revenait, il te rappellerait qu'un maire de campagne doit d'abord s'occuper de ne pas augmenter les impôts.

Le maire : – Je suis arrivé, je les ai augmentés et tu as entendu une seule plainte ?

Madame : – Et de gérer le village en bon père de famille.

Le maire : – Mathilde, les villages, l'état n'en veut plus. C'est comme ça. 36000 communes, tu ne te rends pas compte ! Je te le répète : ce pays a besoin de super communes, efficaces, dynamiques, du tourisme, d'artisans, de services, de consultants, d'initiatives, d'investissements. C'est le levier de la croissance, indispensable, car elle ne tombera pas du ciel, même la bande de voyous du département l'a compris. Notre organisation est dépassée. Nous sommes la risée de l'Europe avec nos villages de pépères.

Madame : – Et pourtant, ça marche. Les gens sont heureux de vivre ici et ils ne veulent pas de ce genre de changement.

Le maire : – L'état veut des économies. Je serai le dernier maire de l'histoire du village.

Madame : – Tu le sais bien pourtant : regrouper les communes ne permettra aucune économie. Deux villages, deux secrétaires de mairies, on fusionne, on en vire une, et hop 20 000 euros d'économies… Tu me fais rire !

Le maire : – Le constat d'échec, je l'ai dressé. Que

peut faire un maire avec 80 000 euros ? C'est le budget d'une famille ! Le plan d'actions, je l'ai exposé. Tu as entendu quelqu'un réfuter mon raisonnement ? Tous ont acquiescé.

Madame : – Quand on a un programme à ce point en rupture avec le passé, on le présente avant les élections.

Le maire : – Si on avouait aux gens ce que l'on compte faire, personne ne voterait pour nous. Tu te souviens de notre voisin se lançant dans la course à la présidence du Conseil Général.

Madame : – S'il s'agit de ton modèle !

Le maire : – Soit tu ne fais rien et alors tu pouvais l'annoncer, soit tu as de vrais projets et il faut les lancer durant la période de grâce. Que l'on soit maire ou Président de la République, c'est la même logique.

Madame : – En tout cas, je ne suis pas la seule à avoir lu sur Internet « les illusions de la fusion. »

Le maire : – C'est trop simple : il ne dit pas un mot le jour de la réunion et me balance sa chronique dans les pattes.

Madame : – Il prend le temps de la réflexion ! Tout le monde ne parle pas sous l'effet des émotions comme ton cher nouvel ami Albert... Il n'a toujours pas compris la nécessité de se taire quand on se prend systématiquement une cinglante réplique dans les dents.

Le maire : – Albert m'est très utile. Nous avons toujours besoin d'un contradicteur stupide, facile à mettre en boîte. Ainsi plus personne n'ose apporter de contradictions, redoutant d'être à son tour renvoyé dans les cordes. Et les points discutables ne sont jamais discutés ! Dans les entreprises, nous avons les syndicalistes. Ici, j'ai Albert. Je me dois de le choyer aussi bien qu'un syndicaliste. La France en est là, tu sais bien que nous avançons vers un système où ces inutiles individus disparaîtront. Mais c'est long. J'apporte ma pierre à l'édifice.

Madame : – Donc ne soit pas surpris que l'écrivain soit plus intelligent !

Le maire : – Mais ce n'est pas loyal. Il s'exprime et je ne peux pas conclure. Le dernier mot doit revenir à monsieur le maire.

Madame : – Ne soit pas injuste : il t'a même offert la possibilité de communiquer sur son site.

Le maire : – Ça ne peut plus durer cette pagaille. Je vais demander au préfet le moyen de récupérer ce nom de domaine.

Madame : – Au motif ?

Le maire : – Il me porte préjudice.

Madame : – Il possède le point com et la mairie peut acquérir le point fr, c'est bien ce qu'il t'a répondu.

Le maire : – C'est le point com qui m'intéresse.

Madame : – Hé oui, il te faut respecter la liberté de la presse.

Le maire : – Le peuple a besoin qu'on lui montre la voie, d'ambitions, d'une saine émulation dans le respect de la hiérarchie. La liberté n'est qu'un mot vide pour les démagogues. La liberté mène à l'anarchie, antichambre du chaos.

Madame : – Je les connais, les théories de la confrérie...

Le maire : – On a beau dire, le plus malin c'est bien le Baylet. Il a compris qu'un élu doit posséder l'unique quotidien d'une région pour faire avancer ses projets. Les médias devraient appartenir à l'état. Ou à des actionnaires patriotes, dévoués.

Madame : – Je la connais par cœur, ta théorie « la démocratie n'est pas la meilleure des organisations sociales. Ce qu'il nous faut, c'est une oligarchie éclairée dans laquelle par le travail chacun peut trouver sa place. »

Le maire, *en souriant* : – Tu pourras écrire mes mémoires, si Dieu décide d'abréger mon séjour ici-bas. Je ne t'ai jamais caché qu'après cette fusion, j'expliquerai au pays ma méthode. Et crois-moi, il se vendra mon livre, il sera édité chez un grand éditeur, soutenu par la presse. Je serai le vrai écrivain du village ! Si guignol s'était comporté correctement, j'aurais pu lui proposer de rédiger une préface et dans mon ombre il aurait bénéficié de mon succès.

Madame : – Comme tu le sais, « *être écrivain, c'est consacrer sa vie à la littérature. Et quand tu entres dans cette voie, tu ne peux plus te mettre au service de mesquines et basses ambitions.* » Selon ton écrivain préféré.

Le maire : – S'il n'est pas possible de récupérer son site sur la commune de manière légale, je vais lui proposer de le lui racheter.

Madame : – Et tu en ferais quoi ?

Le maire : – Je garderai ses photos et supprimerai les commentaires déplacés.

Madame : – Tu crois peut-être qu'il te le vendrait !

Le maire : – Il ne semble pas en situation financière de refuser une bonne offre. Si nous parlons parfois de ses articles, je ne connais personne ayant acheté le moindre de ses livres. Tu as encore constaté mon influence : même celui sur la commune, il a dû attendre sept mois avant d'en vendre un, et encore, à un belge !

Madame : – Et tu crois qu'il t'autoriserait à

conserver ses photos si finalement il te vendait son site ?

Le maire : – Tout se négocie dans la vie. Tu m'as déjà vu échouer ?

Madame : – Certes... Réussir, échouer... Que signifient vraiment ces termes ?

Le maire : – Madame philosophe ?

Madame : – En attendant l'arrivée de ton cher et dévoué Premier adjoint, c'est sûrement la meilleure des occupations possibles...

Le maire : – Oh lui, si je pouvais en changer !

Madame : – C'est nouveau !

Le maire : – Non seulement il a passé des décennies à te faire la cour dès que j'avais le dos tourné...

Madame : – Oh !

Le maire : – Tu n'en es pas responsable, mon épouse chérie. Ta beauté a fait tourner plus d'une tête. Et pas seulement dans ce pays de bouseux. Ta classe naturelle a partout été reconnue. Mais en plus, revenons à mon premier adjoint, comme toujours, il ménage la chèvre et le chou.

Madame : – Il t'aurait-il manqué de dévouement ?...

Le maire : – Naturellement pas de manière nette et sans bavure. Par exemple, il avait bien informé "l'écrivain" de ses devoirs... Tu vas apprécier... « *Je pense que Monsieur le maire, enfant du pays, sera encore plus sensible que moi à vos publications, et si je peux me permettre de vous faire une sujétion, ce serait de lui offrir votre ouvrage, je suis certain qu'il en ferait large information et diffusion autour de lui...!* »

Madame : – C'est très bien.

Le maire : – Il n'a pas écrit « *Si je peux me*

permettre de vous faire une suggestion, [en insistant sur sug-ges-tion] ce serait. » Mais il a eu, disons, un lapsus : "sujétion." [il épelle :) S-U-J-É-T-I-O-N.

Madame : – Oh le joli lapsus, et si juste ! Sujets de sa Majesté, levez-vous !

Le maire : – Mathilde, voyons. Respecte les vieux !

Madame : – J'oubliais !

Le maire : – Cela ne servirait à rien qu'il sache que je sais. Il s'excuserait « l'âge, oh l'âge »... Le besogneux petit insignifiant !

Madame : – Peut-être est-ce involontaire.

Le maire : – Il a des défauts, et on les connaît. Mais en trente années d'échanges, je ne l'ai jamais pris en faute dans les écritures.

Madame : – Il a donc réussi le grand écart de transmettre le message tout en exprimant sa pensée par ce lapsus... il a réussi un numéro d'équilibrisme, à condition que l'écrivain n'ait pas l'idée de te le faire suivre un jour... Tu l'as bien appris ainsi ?

Le maire : – Hum...

Madame : – Tu possèdes d'autres sources d'informations ? Tu aurais soudoyé sa compagne ?

Le maire : – J'ai « *juré de ne jamais mentir à la femme qui m'accompagne...* »

Madame : – Donc ?

Le maire : – Tu le sais bien : la partie est trop serrée pour que je puisse avoir confiance en qui que ce soit dans ce village...

Madame : – Donc ?

Le maire : – Ce fut simple, très facile finalement : la semaine dernière, il m'a suffi d'envoyer un petit virus à notre grand ami et il m'a communiqué ses mots de passe. Je lis ainsi ses mails...

Madame : – Oh ! Certes, dans le monde des affaires une telle pratique se comprend. Même le fiston y recourt. Mais ici ! Suis-je de même espionnée ?

Le maire : – Oh ! Je peux comprendre qu'après une telle information ta première réaction, après la surprise, soit la crainte d'être également soupçonnée. Tu es ma femme, et jamais je ne t'ai soupçonnée, je ne te soupçonne nullement, jamais je ne te soupçonnerai...

Madame : – Qui d'autre est ainsi... il va falloir inventer un équivalent à écouté ?...

Le maire : – Espionné me convient... Dans d'autres circonstances historiques, j'aurais fait un excellent espion. (*en souriant :*) Tu sais que j'ai toujours été au service de notre pays ; nos élus n'ont jamais eu à se plaindre de mes informations. Qu'ils m'aident aujourd'hui à imposer mes idées n'est que justice.

Madame : – Tu sembles ne pas souhaiter répondre à ma question.

Le maire : – L'ensemble de mes administrés connectés, sauf un...

Madame : – L'écrivain, je parie !

Le maire : – Hé oui, il n'a pas ouvert une seule de mes pièces jointes... Ce qui constitue un impardonnable manque d'intérêt pour ma communication et même un impardonnable manque de confiance.

Madame : – N'exagère pas !

Le maire : – Mais il m'amuse... J'aime éprouver un peu de résistance, surtout en le sachant sans ambition, le pauvre... Il continue à publier des livres sans en vendre... On ne peut même pas l'embêter avec un contrôle fiscal ! Il vit dans son petit monde des sans-dents... J'aime beaucoup cette expression !...

Madame : – Si Saint François t'entendait !

Le maire, *comme s'il ne l'avait pas entendue* : – Oui, il faut en finir avec l'assistanat. Nous sommes quand même dans un pays où par le travail tout le monde a la possibilité de devenir quelqu'un. J'en suis la preuve vivante. N'est-ce pas, ma chère et tendre épouse. Seuls les médiocres croupissent dans leurs échecs.

> *On sonne.*

Le maire : – Quand on parle du larbin, il arrive enfin !

Madame : – Enfin, monsieur le maire, un peu d'élégance.

Le maire : – Vous avez raison, madame la Première dame. Il faut savoir rester aimable avec les valets.

> *Madame va ouvrir...*

Le 1er adjoint : – Mes hommages, madame.

Madame : – Mon cher ami.

> *Deux bises très strictes. Il s'approche de monsieur le Maire, qui ne se lève pas.*

Le 1er adjoint : – Monsieur le maire.

Le maire : – Mon cher ami.

> *Ils se serrent la main de manière peu chaleureuse.*

Le maire : – Prends place (*il lui montre la chaise à deux mètres ; le premier adjoint s'assied ; on sent la situation étudiée de manière à montrer la supériorité du maire sur l'invité*)

Le 1er adjoint : – La réunion du Conseil

Communautaire s'est déroulée comme vous l'escomptiez ?

Le maire : – Comme d'habitude ; rien d'intéressant les neuf dixièmes du temps. Et j'ai obtenu la subvention pour les travaux de mise aux normes de notre salle des fêtes.

Le 1ᵉʳ adjoint : – Très bonne nouvelle, monsieur le Maire.

Le maire : – Martine sera contente, son mari aura du travail pour l'année.

Le 1ᵉʳ adjoint : – Naturellement... on pourrait obtenir mieux et moins cher... (*en souriant*) mais il faut bien rendre service à notre chargée de communication.

Le maire : – J'ai également expliqué notre démarche de fusion. (*en souriant :*) Mon collègue m'a laissé cet honneur.

Le 1ᵉʳ adjoint : – Tout le monde vous a approuvé ?

Le maire : – Comme prévu, il leur semble urgent de freiner des quatre fers. Ils tiennent à leurs petits villages gaulois. Nous serons donc l'exemple. Quand nous aurons démontré que c'est possible, ils suivront.

Le 1ᵉʳ adjoint : – Monsieur le Président n'a toujours pas annoncé sa décision de démissionner ?

Le maire : – Malheureusement, il semble ne plus en prendre la voie. Il sera même candidat aux élections départementales. De manière confidentielle, il nous a annoncé la guérison totale de son cancer.

Le 1ᵉʳ adjoint : – C'est une très bonne nouvelle.

Le maire : – D'un point de vue humain, naturellement. Mais tu sais bien que cette communauté a besoin d'une vision dont ce pauvre homme est dépourvu.

Le 1ᵉʳ adjoint : – Il vous reste la possibilité de proposer une autre voie à mi-mandat.

Le maire : – Tu sais bien que ce n'est pas dans mes habitudes de renverser les tables. Je suis plutôt celui qui attend que les tables et les chaises soient par terre pour remettre tout en ordre. J'ai confiance en mon destin : une opportunité se présentera à la communauté comme elle s'est présentée dans la commune.

Le 1ᵉʳ adjoint : – Une idée, monsieur le maire : le président sera donc candidat aux élections départementales sur le canton des Marches du Sud-Quercy. Le redécoupage vous laisse l'opportunité de vous présenter sur le canton de Luzech.

Le maire : – Tu sais bien que le département est le lieu par excellence de la sclérose. Rien ne peut s'y faire. On ignore même ses futures attributions. Qu'irai-je faire dans cette assemblée de paralytiques ? Tu sais bien que je ne suis pas revenu avec des velléités politiques. Mon seul but, je te le répète, c'est de montrer la manière dont une commune doit être administrée. Tu sais que si j'avais souhaité faire carrière dans la politique, je l'aurais fait. Tu sais qu'à trente ans, c'est à moi qu'on pensait quand on cherchait un successeur à Maurice Faure. Mais j'ai préféré le monde des affaires, et tu connais ma réussite.

Le 1ᵉʳ adjoint : – Vous êtes un exemple pour tous, monsieur le maire.

Le maire : – Ton idée, elle témoigne de ta confiance dans mes capacités mais je ne serai pas candidat et tu peux de manière catégorique l'annoncer à tes amis qui t'ont sûrement prié de me sonder. C'est bien cela ?

Le 1er adjoint : – Il s'agit d'une idée germée durant cette conversation, elle s'est imposée en moi.

Le maire : – Petit cachottier !

Le 1er adjoint : – Vous connaissez toute ma considération dévouée.

Le maire : – Je sais, je sais... Excusez-moi... Comme tu le sais, ces maudits médicaments m'obligent à fréquenter le petit endroit de manière trop fréquente... Mais j'ai bon espoir qu'avec ma volonté, tout rentre bientôt en ordre.

Le maire se lève avec difficultés...

Le maire : – Le docteur ne m'a laissé aucun espoir : je vais mourir. Mais nous sommes tous dans ce cas. Et comme l'écrivait... (*on sent qu'il ne retrouve plus l'auteur, donc s'ajoute une douleur*) comme l'écrivait notre grand philosophe : « *une vie inutile est une mort anticipée.* » Je l'ai rassuré, ce bon docteur : je ne suis pas pressé et j'en enterrerai plus d'un...

Il sort... va aux toilettes...

Le premier adjoint se précipite vers madame dès la porte fermée ; elle tend les bras pour le stopper...

- Madame, *très bas :* – Soit sage ; deux nouvelles : une très bonne et une très mauvaise : on a failli y passer !

Le 1er adjoint : – Comment !?

Madame : – Il espionne ton ordinateur, ta boîte mail.

Le 1er adjoint : – Il lit mes mails ! Comment !?

Madame : – Il t'a envoyé un virus espion et connaît tous tes mots de passe. Surtout ne m'écrit jamais. Il a lu le mail avec "sujétion" envoyé à l'écrivain.

Le 1er adjoint : – C'est très embêtant.

Madame : – Aurait-il découvert d'autres messages compromettants ?

Le 1er adjoint : – Rien de grave... mais avec mon fils, parfois... je lui raconte la vie du village.

Madame : – Tu ne lui as rien écrit à notre sujet ?

Le 1er adjoint : – Oh que non, il me croit toujours amoureux de sa mère.

Madame : – Ouf. Et alors, qu'y a-t-il d'embêtant ?

Le 1er adjoint : – Qu'il ne finira pas son mandat, s'il continue à s'épuiser ainsi.

Madame : – Oh, ce n'est que cela !

Le 1er adjoint : – Mais de manière plus brutale, peu aimable. Et entre membres du Conseil Municipal, nous nous lâchons parfois... Je vais donc lui annoncer ma démission ce soir.

Madame : – Surtout pas ! Il pourrait alors me soupçonner de t'avoir prévenu. Et s'il commence à me soupçonner, nul ne sait où il s'arrêtera.

Le 1er adjoint : – C'est vrai. J'ai réagi dans l'émotion de cette annonce qui me bouleverse.

Madame : – Et la bonne nouvelle, il m'a confirmé que jamais il ne m'a soupçonnée ni ne me soupçonnera... Mais attention, au sujet de la mairie, il n'a confiance en personne, il espionne tout le monde...

Le 1er adjoint : – Soyons prudents.

Madame : – J'ai entendu la chasse d'eau.

Ils se rasseyent.

Le 1er adjoint : – J'irai naturellement le voir cet adorable bambin... Qu'est-ce qu'il grandit !... Mais quitter mes vieilles pierres plus d'un mois me sera difficile (*il sourit à sa maîtresse*). Un tel voyage, à mon âge, me fait peur.

Le maire rentre sur cette dernière phrase.

Le maire, *en reprenant sa place :* – Ah l'Amérique ! Il était temps que tu sois grand-père à ton tour. Prends un appareil photo et comme guignol tu raconteras ton voyage, puisque ceux qui n'ont rien à dire ni montrer publient désormais !

Le 1er adjoint : – Il vient d'annoncer la vente d'un premier exemplaire. En Belgique ! Quel est le con de belge qui a bien pu s'intéresser à ces misérables photos ?

Le maire : – Un ancien vacancier, sûrement. J'ai lu comme toi qu'il signale qu'aucune électrice, aucun électeur du village ne s'est intéressé à « cette œuvre » *(avec emphase)*

Le 1er adjoint : – Vous pensez qu'il vous considère responsable de ce désintérêt manifeste ?

Le maire : – Les médiocres ont toujours besoin de trouver des responsables à leurs échecs.

Le 1er adjoint : – Vous ne pensez pas qu'on a eu tort de l'humilier ? Qu'il peut nous porter préjudice ?

Le maire : – Non. Il existe des règles. Celui qui ne les respecte pas se retrouve hors du jeu. L'insolence et l'impertinence n'ont pas de place en démocratie. Nous lisons parfois ses chroniques, ou les survolons, mais personne ne prend au sérieux ses développements. Il manquera toujours de cette crédibilité qui ne s'acquiert que par la réussite.

Madame : – Je n'ai pas l'impression qu'il se sente humilié. Il se sent plutôt légitimé dans son rôle culturel face au clientélisme, aux clans, aux « petits bourgeois », comme il note.

Le maire : – Assez causé de cet insignifiant. Quand je parle, on m'écoute. Et il me suffit de quelques mots pour convaincre. Pour faire oublier même trois pages de délires sur Internet... À la fin du mois, le Conseil Municipal doit ratifier la convention de fusion. Je compte sur toi pour refaire le tour, t'assurer qu'aucun OUI ne manquera.

Le 1er adjoint : – Tous ont un dossier, une demande, en attente. Chacun sait qu'il n'a rien à gagner dans l'opposition bête et infondée, comme vous l'avez expliqué.

Le maire : – Oui, tout le monde a son coin de terrain dont la valeur serait multipliée par vingt s'il passait en constructible. Mais il faut parfois rappeler les choses pour qu'elles soient parfaitement comprises.

Le 1er adjoint : – Vous pouvez compter sur mon total dévouement, monsieur le Maire.

Le maire : – Je le sais, mon ami, tu es l'homme sur lequel je peux le plus avoir confiance dans mon village.

Rideau

Acte 2

Quelques jours plus tard. Madame dans le canapé. Elle soliloque.

Madame : – C'est une catastrophe !... Nous aurions pu devenir le centre du village, j'étais disposée à faire don de ma personne, à exercer mon rôle de première dame comme mère le fit. Avec discrétion, disponibilité, et une certaine classe en plus... Il aurait pu être apprécié, aimé... Puisqu'on n'acclame plus le prince... Et nous sommes la risée générale... « *Si vous êtes trop malin, vous risquez de passer à côté de l'essentiel* » nous enseigne un proverbe tibétain. Je l'ai toujours admiré. Toujours ! J'avais 8 ans, c'était facile pour lui de m'impressionner du haut de ses onze. Le meilleur élève de l'école. Le fils de l'instituteur était forcément le meilleur élève de l'école... mais j'étais trop gamine pour comprendre cette logique sociale. La fille du maire et le fils de l'instituteur, comme c'était mignon. On cherchait les œufs de Pâques ensemble. Quelle belle union en perspective. La plus belle des unions possibles, puisque monsieur le curé n'avait pas d'enfant... Enfin, c'est ce que l'on croyait... Si l'on avait su la vérité !... Des soutanes auraient flotté sur la Barguelonnette !... Le maire, le curé, l'instituteur, c'était ça, un village. Un clocher, une mairie, une école ; les églises sont fermées 360 jours par an, l'école est devenue une salle des fêtes, une vraie défaite pour nos villages, et "ce con" voudraient fermer la mairie. Oh, pardon mon chaton ! Ma langue a fourché ! Les opposants ont raison, le village c'est un symbole... (*elle sort son iphone... quelques secondes de surf et elle s'exclame :)* Oh mon Dieu ! À la une du site de notre village, ce bandeau « *les villages doivent disparaître* ! », et c'est bien notre maison que l'on aperçoit au loin... (*elle lit :*) « les villages doivent disparaître !... Regroupez-vous ! Y'aura des médailles pour les plus zélés. Vous pouvez lire "les plus fêlés". Et même des invitations à la télé si vous vous exprimez correctement. Soyez les visionnaires du troisième millénaire ! En douceur, avec vous, grâce à vous, nous passerons de 36 000 communes à 10 000 puis 600 mégalopoles. Vive les mégalopoles, avec un mégamaire. Mégalomaire naturellement professionnel, naturellement formé par les partis piliers de nos démocraties du clientélisme.

Et vive les sondages : 70% des français sont favorables au regroupement des villages ! Naturellement, les gens qui n'y vivent pas, si on leur prétend qu'un regroupement permettra des économies, ils s'y déclarent favorables. Ne pourrait-on pas nous demander notre avis ?

Non, les villageois ne sont pas capables de comprendre l'intérêt du pays ! Il convient de réaliser des économies de bouts de chandelles sur les villages pour financer les espaces verts des villes !

Il existe pourtant une autre vision de la campagne, celle de son respect, nullement passéiste comme nos visionnaires de pacotille le prétendent. Une campagne où il fait bon vivre, avec des écoles, des routes entretenues, des arbres fruitiers... Mais pour nos politicards, un village doit se gérer comme une entreprise. Vive les OPA. Alors, pourquoi ne pas immédiatement nous vendre au Qatar ou à la Chine ? Quel maire fut élu pour passer en force ?

Le parlement offre une nouvelle arme anti démocratique aux collaborateurs : si le conseil municipal est favorable à la fusion, aucune consultation des électrices et électeurs.

Notre maire tient ses conseillers ou certaines, certains, au moins un, au moins une, pensera la démocratie locale respectable ?

Si notre village disparaît, la fusion servira d'exemple... Citoyennes, citoyens des villages, vous êtes toutes et tous concernés. »

Grande pause où elle fixe l'écran.

Madame : – Mon Dieu ! Pourquoi moi ? Je devrais les soutenir mais je n'ai pas le droit de les approuver... Mon Dieu ! Des vagues de contestataires vont déferler. Ce sera comme pour l'opposition à la haute tension, aux barrages, aux carrières, au gaz de schiste, aux autoroutes... Tous les hurluberlus, les marginaux, les écolos, les homos, les hardeux, les gauchistes, vont nous accuser de vouloir détruire notre modèle rural.

Grande pause.
Le maire entre, avec une canne.

Madame, *en le voyant* : – Tu ne devrais pas te lever.

Le maire : – Ce n'est qu'une entorse.

Madame : – Une entorse, avec ta pathologie, c'est pire qu'une jambe cassée pour un jeune homme.

Le maire, *s'asseyant* : – Ce n'est pas elle qui me tuera... Et j'ai demandé au nain de passer.

Madame : – Tu devrais parler de manière plus respectueuse de ton premier adjoint. Après tout, tu l'as choisi.

Le maire : – Un homme exceptionnel, dévoué, un

ami, sur lequel je n'émettrai jamais la moindre critique ni pique en public. Mais nous sommes en privé. Je peux quand même encore te faire bénéficier du fond de ma pensée. Tout part en lambeaux, excepté ma pensée. Et mes dents. Tu l'as remarqué : mes dents résistent tandis que notre nain de jardin semble abonné chez le dentiste.

Madame : – Il possédait les compétences pour être maire. Je ne dis pas à ta place mais avant toi... tu le sais bien.

Le maire : – Il n'est pas né ici.

Madame : – Toujours cette vieille histoire du « né ici. »

Le maire : – Tu ne vas pas rejoindre le camp des chansonniers !

Madame : – Ah les imbéciles heureux d'être nés quelque part !... Ce n'est sûrement pas seulement pour la rime si Brassens citait Montcuq.

Le maire : – Ce n'est quand même pas toi, si respectueuse des traditions et de l'opinion, qui va t'opposer à ce principe de base de notre vie publique. Nous devons entretenir la mémoire du radicalisme et ce droit du sol en constitue l'un des piliers. Il a fait ce qu'il pouvait faire en venant du nord, et il en est récompensé par ce poste de premier adjoint en fin de carrière.

Madame : – Il aurait été nettement plus efficace que notre bouseux.

Le maire : – Certes, il n'aurait pas pu faire pire mais notre bon bouseux s'est écarté convenablement, sans chercher à s'accrocher au poste.

Madame : – Surtout après avoir compté les billets dans ton enveloppe !

Le maire : – Le pauvre bougre ! S'il savait que j'en ai obtenus le double du hollandais pour lui vendre à un tarif décent le chemin municipal.

Madame : – Il y a toujours eu de tels arrangements. Un maire doit savoir faire son beurre. C'est également ainsi qu'il tient son rang. Ce n'est pas ce que je te reproche. Mais les mesquines paroles sur ton premier adjoint ne me semblent pas dignes de toi. Tu dois être au-dessus de toute mesquinerie.

Le maire : – Il faut croire qu'un milieu médiocre peut même déteindre sur un homme comme moi.

Madame : – Pourquoi lui avoir demandé de passer de nouveau ?

Le maire : – Si un seul conseiller me lâche, c'est la chienlit. Je ne peux pas échouer. J'ai conduit de main de maître des fusions bien plus compliquées. 17000 hommes, j'ai géré, tu ne l'as pas oublié. Et pas une vague. Ce n'est quand même pas 300 bouseux...

Madame : – Ils s'organisent. Ils utilisent Internet, ils nous préparent une manif, ça semble évident.

Le maire : – Ils ? Tu peux retirer le S. Il est seul, il ne parle presque à personne. Il écrit des livres qui ne se vendent pas, il vit de rien. Qu'est-ce qu'il cherche ? Je lui ai tendu la main, je lui ai proposé de le faire connaître et tu vois comment il me remercie.

Madame : – C'est un artiste ! Après avoir lu son « je ne suis pas un sujet » tu dois regretter de ne pas lui avoir acheté son livre comme tu t'y étais pourtant engagé.

Le maire : – Je ne regrette rien. Il doit respecter monsieur le maire. Il devait me dédier et naturellement m'offrir ce livre.

Madame : – « Si tu offres un livre au maire, t'es une merde. » Sa position d'artiste ne me surprend guère.

Le maire : – Toi qui es prête à défendre l'âme des villages contre la fusion, tu devrais reconnaître qu'un administré se prétendant éditeur se doit d'offrir un livre à son maire. Comme le viticulteur nous offre quelques cartons.

Madame : – Je peux le comprendre. Mais il ne faut pas heurter les susceptibilités des petits artistes...

Le maire : – Qu'est-ce que ça changera pour lui, la fusion ? De toute manière, il ne sera jamais ni subventionné ni invité ! Il a choisi de s'opposer au système, tout homme responsable s'en méfie.

Madame : – Vivre debout, refuser de s'agenouiller devant les puissants. Ce courant de pensées a toujours existé chez les écrivains.

Le maire : – Qu'il s'occupe de ses livres et me laisse gérer la fusion. Tu vois bien que chez nos voisins, tout le monde s'en remet au bon sens du maire, qui lui suit mes conseils.

Madame : – La fusion a certes un avantage : le projet de ligne à très haute tension rentrera par la grande mairie et ainsi nous n'aurons plus de soucis électriques.

Le maire : – Tu le vois bien. C'est comme dans l'entreprise, les fusions permettent de faire sauter les zones de blocages, de contestations. On perd trop de temps dans ce pays avec les contestataires. Il faut vivre avec son époque : plus personne ne s'éclaire au pétrole et c'est fini le temps « *ici on coupe du bois si l'on veut se chauffer.* »

On sonne.

Le maire, *regardant l'horloge* : – Toujours ponctuel, notre ami.

Madame va ouvrir...

Le 1er adjoint : – Mes hommages, madame.
Madame : – Mon cher ami.

Deux bises très strictes. Il s'approche de monsieur le Maire, qui ne se lève pas.

Le 1er adjoint : – Monsieur le maire.
Le maire : – Mon cher ami.

Ils se serrent la main de manière peu chaleureuse.

Le maire : – Prends place (*il lui montre la chaise à deux mètres ; le 1er adjoint s'assied*)

Le maire : – Comme tu le sais, mon épouse me souhaiterait couché et tu reste très occupé. Allons-en aux faits immédiatement...

Le 1er adjoint : – Il écrit une pièce de théâtre. Il a montré le premier acte à ses compagnons hier soir. J'ai croisé Frédéric et Gwenaëlle qui se sont empressés de m'en informer. Ils étaient enthousiastes, ces petits cons. Ils s'improvisent acteurs. Ils ont convaincu le jeune berger et comptent en offrir une représentation au village.
Le maire : – Ils n'obtiendront jamais la salle des fêtes !
Le 1er adjoint : – Je leur ai signalé que monsieur le maire serait sûrement peu enclin à leur accorder cet espace public qui ne peut servir des intérêts contraires à l'intérêt général.
Le maire : – Tu as bien fait.

Le 1er adjoint : – Ils m'ont répondu qu'ils ne s'abaisseraient pas à quémander cette salle et joueraient en plein air, chez la nouvelle agricultrice.

Madame : – Entre le cabécou et la piquette digne de sa grand-mère, ils dégusteront un navet.

Le maire : – Le trouble à l'ordre public semble se caractériser. Continue ton enquête, et dès qu'une date sera connue, nous préviendrons la gendarmerie.

Le 1er adjoint : – Très bien monsieur le maire. Leur gamine chantonnait déjà ce qui semble être une déclaration de guerre.

Madame : – À ce point ? Sans exagération.

Le 1er adjoint : – Je l'ai immédiatement notée, leur chansonnette. Si vous y tenez...

Madame : – J'en suis même impatiente.

Le premier adjoint sort un carnet de la pochette de sa chemise.

Le 1er adjoint, *très doucement, sans la moindre intonation :* – « *Lundi matin, l'empereur, sa femme et l'premier adjoint*
Sont venus chez moi pour se faire offrir un bouquin. »

Il s'arrête.

Le 1er adjoint : – Disent-ils, mes chers amis.

Le maire : – Une mauvaise adaptation de « *L'Empereur, sa femme et le petit prince.* » Déjà mon père la communiquait avec réticences aux enfants.

Madame : – Vous voici donc l'empereur, monsieur le maire, chez ces gens. Et moi l'impératrice

Eugénie... Quant à vous, mon cher ami, vous souvenez-vous de l'histoire du petit prince de cette chanson traditionnelle ?

Le 1er adjoint : – Je vous avoue avoir peu étudié cette période.

Madame : – Je connais votre réticence à partir aux Amériques alors vous éviterez sûrement le pays zoulou, c'est ainsi que l'on appelait l'Afrique-du-Sud où est mort en 1879 l'unique enfant de Napoléon III et de son épouse l'impératrice Eugénie.

Le maire : – L'empereur... Au moins Néron pouvait prier Sénèque de se suicider et il se suicida prestement.

Madame : – Tu le crois capable de te caricaturer en Néron du canton ? Quel horrible rapprochement ! Il tua Agrippine, sa mère, après avoir liquidé Britannicus, son frère. Mon Dieu ! L'imagines-tu en train d'écrire que tu tuerais mère, frère et écrivain pour réussir ta fusion ?

Le maire : – Ce serait de la diffamation.

Madame : – Et même de la désinformation... car si tu as une sœur tu n'as pas de frère !

Le maire : – Ma chère Mathilde, l'instant est mal choisi pour faire de l'humour.

Madame : – Tu sais bien que ton nom n'apparaîtra pas.

Le maire : – Mais tout le monde saura donc s'il me provoque, je l'attaquerai en diffamation.

Madame : – Tu sais bien qu'un écrivain part du particulier pour atteindre l'universel. Sa liberté d'expression est plus importante que celle du simple citoyen dans nos démocraties décadentes.

Le maire : – S'il était vraiment écrivain il ne s'abaisserait pas à de telles attaques et ses livres se vendraient. Ce n'est qu'un idiot provocateur et je ne me laisserai pas diffamer.

Madame : – Tout devait être simple quand nous sommes rentrés au pays.

(durant cet échange entre le maire et son épouse, le premier adjoint regarde ailleurs)

Le maire, *se tournant vers le premier adjoint* : – Je suppose qu'il a ajouté quelques perfidies à « *Lundi matin, l'empereur, sa femme et l'premier adjoint*
Sont venus chez moi pour se faire offrir un bouquin. »

Le 1er adjoint : – « *Comme j'ai dit tintin*
Adjoint m'a maudit
On vous laisse la nuit
Nous reviendrons demain. »

Madame : – Heureusement, les enfants ne sont pas nombreux par ici. Nous ne risquons pas de l'entendre sous nos fenêtres…

Le maire : – Mais c'est par l'humour, même de mauvais goût, même médiocre, que l'on peut pourrir une situation. (*une pause*) Très bien, je vais régler cette affaire à ma manière. Vous le constaterez, il n'y aura ni pièce de théâtre ni site Internet pour troubler notre fusion.

Madame : – Tu ne vas pas faire de bêtise au moins ?!

Le maire : – On ne fait jamais de bêtise quand on sait ce que l'on fait et pourquoi on le fait.

Rideau

Acte 3

Madame dans son fauteuil. Elle soliloque.

Madame : – Mon pauvre chaton ! Toujours ce besoin de se convaincre d'avoir réussi sa vie ! Qu'il fait quelque chose de sa vie... Et il ne saura jamais que je l'ai entendu, son père, lui crier « tu ne feras jamais rien de ta vie si tu n'es pas capable d'intégrer une grande école... » Comme c'est classique : le père a économisé sur tout, il voulait que son fils réussisse là où il n'avait pas eu la possibilité d'essayer. Cette grande idée de la troisième République : le grand-père agriculteur, le père instituteur, le fils président. (*en souriant :*) Au moins de trois Conseils d'Administration ! Et il a bûché comme un malade, et il fut admis à la cession de septembre et depuis... Et depuis il en est là... Il n'a peut-être même pas compris... Mais ça servirait à quoi, une franche discussion ?... « Oh toi et ta psychologie à deux sous » qu'il me balancerait en pensant me « clouer le bec. » Il est trop tard... Qu'il continue, je m'en fous... Son père fut le dernier instituteur, qu'il soit le dernier maire si ça l'amuse. De toute manière, dans cinquante ans, tout sera oublié... Il n'a jamais aimé cet endroit. À 15 ans, il ne parlait déjà que de Paris. À 20, Rastignac allait conquérir la capitale. Il ferait mieux que Gustave Guiches : lui serait riche ! Il est devenu riche mais a abandonné ses rêves littéraires. Il ne se souvient même plus d'avoir rêvé de vraie littérature. « *C'était des bêtises d'enfants, parce que mon père tutoyait le maître d'Albas...* » Il n'a jamais aimé cet endroit. Et durant quarante ans, il revenait uniquement par devoir, et le moins

181

possible. S'il le pouvait, il goudronnerait tous les sentiers. Il ne supporte pas l'odeur des fleurs. Ça ne va pas s'arranger avec la cerise sur le gâteau, sa nouvelle allergie ! Être allergique aux pollens comme un pauvre parisien transplanté à la campagne ! Il ne supporte pas le silence ni les vélos... J'ai raté ma vie et je le sais... Il me reste au moins l'espoir de ne pas rater ma vieillesse, d'évacuer la distraction, l'inutile... D'éteindre la télé. J'ai toujours senti en moi l'appel de Saint François... C'est sûrement la raison de ma présence sur terre...

Le téléphone sonne... Elle se lève... regarde le nom...

Madame : – Hum Simone... Elle veut savoir ?... Mais je ne sais rien ! Elle veut parler ? Mais si elle savait comme elle m'ennuie !... Et maintenant il est trop tard, je n'ai plus à la convaincre. C'est le jour J. Les dés sont jetés. Oh ! Comme je déteste cette expression. (*le téléphone continue de sonner*) Après tout, ça me passera le temps (*elle décroche*) Ma chère Simone (...) Forcément, ton mari étant au conseil, ça ne pouvait qu'être toi (...) Le progrès ! Demande-en un à ton mari pour la Saint-Valentin (...) Permets-moi de te répondre que tu lui as donné un mauvais conseil. Tout le monde doit rester uni. Tout le monde a été élu sur la même liste, tout le monde doit assumer (...) Tu sais qu'il n'est pas le seul à parler de démissionner. Mais mon mari les a tous rappelés à leur devoir : toute démission serait considérée comme un désaveu de ses décisions, donc il la refuse. (...) Oui, espérons. Comme tu le sais, il suffit d'une seule voix NON pour enclencher une dangereuse procédure (...)

Comme je te l'ai dit, mon mari n'y résisterait pas (...) Tu te rends compte, il a accepté la fonction de maire pour rendre service et maintenant le village écoute des gens qui ne sont même pas nés ici ! Qu'est-ce qu'ils en savent de ce qui est bien pour nos villages (... ; *signes d'exaspération de plus en plus visibles*) Notre fils aurait voulu être là mais il n'arrivera que dans la nuit. Il s'inquiète beaucoup pour son père. Comme moi, il trouve qu'il travaille trop (...) Merci d'avoir appelé Simone (...) Oui (*elle raccroche*).

Pause.

Madame : – Oh, ce n'était plus possible !... Ces gens sont impossibles, insupportables !... Je ne veux plus les voir, plus leur parler ! Que tout finisse !

Pause.

Madame : – J'ai failli en dire trop ! Il travaille trop... Il aurait continué jusqu'à 75 ans son petit bizness de consultant, spécialiste des fusions absorptions démantèlements, si la maladie ne l'avait pas frappé... et la maladie ne l'a pas changé... (*se voulant psychologue*) Oui, il peut tricher avec les autres. Mais pas avec moi. Il continue autrement... Juste pour ne pas se regarder en face... Les ouvriers, les usines, n'étaient que des données comptables dans les OPA, pourquoi accorderait-il plus d'attention à ces villageois ? Seul l'accord des actionnaires comptait. Peu importait que les informations communiquées soient vraies ou fausses : elles devaient convaincre du bien fondé de l'opération... Il méprise tout le monde... avec des degrés dans le mépris... Il les méprise tous...

Certes, je ne peux pas lui donner tort... Ils sont tous tellement minables... Qu'est-ce qui les intéresse, à part l'argent ? Et qu'est-ce qu'ils en font ? Alors ils jalousent celui qui en a gagné tellement plus qu'eux !... Mais s'ils savaient ce qu'il en fait, de son fric ! Les pauvres ont tort de phantasmer sur le bonheur des riches ! J'ai de beaux diamants et un jacuzzi ! Ai-je vécu pour ça ? Si à 50 ans tu n'as pas un jacuzzi, tu as raté ta vie ! Mais pourquoi perdre son temps avec ces gens-là ?... Tout ça pour m'épater !... Comme quand il m'a pris la main en m'affirmant « je serai le premier enfant du canton à intégrer HEC. » J'aurais pu avoir une autre vie... J'aurais pu être la femme d'un Conseiller Général... Je serais veuve et la mieux placée pour lui succéder ! Mais tout ce qu'il me promettait, mon chaton, il le réalisait... J'ai mis du temps à comprendre qu'aucun de ses défis ne me concernait vraiment... Oh, ce n'est pas un manque d'attention, oh, j'ai été touchée qu'il m'annonce « on va retourner dans la maison de ton père et je reprendrai son flambeau de maire... Je vais rendre à la maison de ton père son prestige, la première place du village. » Il sait présenter ses projets pour entraîner... Mais il n'écoute personne... Il ne supporte pas qu'on puisse lui résister... Il accepte mes remarques, mes critiques mais finalement n'en tient pas compte...

Pause.

Madame : – Et nos enfants, déjà mariés, si jeunes... Je leur ai pourtant tellement répété « ne vous précipitez pas... vous êtes à l'âge où les apparences aveuglent, vous êtes à l'âge de l'ignorance et des serments pour la vie qui ne reposent sur rien de concret... Vous croyez savoir et vous ignorez l'essentiel... Mais que répondre à « toi et papa, alors ! Vous n'aviez même pas 20 ans à vous deux que vous vous engagiez déjà » ? Que répondre ? Des gosses s'amusaient et ils ont fini par croire en leur jeu. La fille du maire et le fils de l'instituteur, comme c'était mignon ! Je l'ai admiré... On ne construit pas sa vie sur l'admiration gamine et puérile... et quand l'illusion a cessé, j'ai pris des amants... Comme c'est facile, avec un "mari très occupé" ! Comme c'est affligeant ! J'ai été la femme la plus heureuse du monde ! Pauvres enfants, je vous dois bien ce mensonge ! Je ne suis même pas certain du nom de votre père biologique ! Oh, pauvre de moi ! Qu'ils interdisent les tests ADN durant nos vies ! Le monde est peut-être ainsi... Chacun fonce vers la vie active... On veut devenir grand... on joue aux grands et quand on se réveille on est vieux. J'aurais été l'une des dernières oisives... Mais c'est terrible, horrible, de réfléchir dans un monde en action... Peut-être comme de rester sobre dans une fête où tout le monde s'est imbibé d'alcools... Il n'y a plus de place pour des femmes comme moi... Ma pauvre fille !... Ma pauvre *executive women*... et je ne peux même pas témoigner... Je dois tenir mon rang ! La fille du maire devait tenir son rang, marcher la tête haute. La femme du maire doit tenir son rang, sourire.

Pause.

Madame : – Mais pour quoi ? Saint François a su tout abandonner... Comme je suis bien dans sa lumière... Le plus beau vitrail de l'église, et c'est grand-père qui l'a offert... Ça ne peut pas être un hasard. Ils me croient un peu bigote, d'aller m'asseoir sur notre banc. Et personne n'a compris pourquoi j'y vais toujours à la même heure... Ils ne peuvent pas comprendre... Je prierais même à la bonne réalisation de la fusion !... Les pauvres idiots !... Saint François, tu es là, quand brille le soleil... Comme j'aimerais pouvoir être enterrée sous cette dalle où le soleil t'expose, mon cher Saint François... Mais même la femme du maire, elle ne peut plus obtenir pareil honneur... On n'enterre plus dans les églises !

Pause.

Madame : – Il se dit chrétien... Mais essayerait de m'enfermer si je donnais tous nos biens aux pauvres... Oui, il a raison, notre poète : les riches du village feraient mieux de suivre l'exemple de notre Saint Antoine, l'Egyptien... Tout donner et vivre de peu, de pain et d'eau... Mais ça ne se fait plus... On ne donne pas aux pauvres... Ou alors quelques miettes aux associations, si le don ouvre droit à 60 % de crédit d'impôts... Donner, tout donner aux pauvres, ce serait déshériter ses enfants et même l'état l'interdit... Je n'en peux plus de cette vie... Notre poète... Il nous a bien roulés dans la farine !... Que d'argent dilapidé pour un pauvre site Internet et la promesse de ne présenter aucune pièce de théâtre dans laquelle figure un maire durant la vie de l'acquéreur... Disposée à tout donner aux pauvres, je regrette déjà ces miettes ! Je ne suis pas digne de toi, oh Saint François. (*elle se signe ; pause "contemplative"*)

Le téléphone sonne... Elle se lève... regarde le nom...

Madame : – Oh non, pas elle... (*le téléphone continue de sonner*)
Madame : – Elle est pire que l'ennui, "la folle". Mais elle était dans sa classe, la petite sœur d'Albert, donc Monsieur le maire la ménage.... Je ne vais quand même pas regarder la télévision en l'attendant... Il aura, comme d'habitude, le triomphe modeste... Une victoire parmi tant d'autres... Déjà !... C'est bien la voiture du (*en souriant*) « nain de mon jardin » que j'entends !

Elle se lève... regarde par la fenêtre...

Madame : – Mon mari et mon amant bras dessus bras dessous, comme c'est charmant ! Je vais leur ouvrir.

> *Elle ouvre la porte. Ils entrent. Le maire, très éprouvé, se soutient d'un côté sur sa canne, de l'autre sur l'épaule de son premier adjoint. Qui l'aide à s'affaler dans son fauteuil.*

Madame : – Mais qu'as-tu ? Que se passe-t-il mon chaton ? Réponds-moi...

> *Les yeux exorbités, le maire ne prononce pas un mot, respire difficilement, la main droite posée à hauteur du cœur. Le risque d'une crise cardiaque semble élevé.*

Madame : – Faut-il appeler le docteur ? (*se tournant vers le premier adjoint*) Que se passe-t-il ?

Le 1er adjoint : – 10 NON.
Madame : – Oh !

Madame, *prenant la main droite de son mari* : – Faut-il appeler le docteur ?
Le maire, *difficilement* : – Non, ça ira. Je vais aux

toilettes et quand je reviendrai... (*se tourne vers son premier adjoint*) J'espère que tu auras disparu. Ne rêve pas : je ne démissionnerai jamais.

Le 1er adjoint : – Monsieur le maire, je ne vous ai jamais demandé de démissionner, je ne vous demande pas de démissionner, je ne vous demanderai jamais de démissionner. Le Conseil Municipal vous a élu, il attend votre décision.

Le maire, *difficilement* : – Parfait. Va... Va rejoindre les traîtres... Vous ne l'emporterez pas au paradis.

Le maire se lève, sa femme l'aide...

Le maire : – Laisse, ça ira.

Il sort difficilement, sous le regard de son épouse et de son premier adjoint.

Madame : – Toi également !?

Le 1er adjoint : – Jamais je n'aurais imaginé les autres capables de voter NON. On en avait tous envie mais on hésitait. Et tous on a pensé, « si je ne le fais pas, personne ne le fera, et on voulait tous 8-9 oui et 2-3 non pour laisser le village voter, pour sortir de cette crise.

Madame : – Mais pourquoi ? Votre réunion secrète hier soir, en plus chez toi ?

Le 1er adjoint : – Il exaspère tout le monde. Et le dernier rebondissement a accentué le fossé. Tout le monde en est arrivé à le trouver ridicule, de croire pouvoir tout s'acheter. Je n'ai aucune estime pour l'écrivain mais il est parvenu à nous rendre sa marginalité sympathique. « Vous n'achetez pas mes livres, donc j'ai vendu mon site... » Tout le monde a compris ce que tu m'as expliqué sous le sceau du secret. Tout le monde désapprouve cette méthode.

Madame : – Simple jalousie. Ces gens l'ont toujours jalousé. Tous attendaient une occasion de prendre leur revanche.

Le 1er adjoint : – Tu sais... En croyant acheter la victoire, il a commis sa plus grande erreur. L'écrivain a su enfoncer le clou en racontant « il m'a offert dix ans de tranquillité financière pour un site qui ne me rapportait rien et une pièce de théâtre qui n'aurait jamais été jouée avec droits d'auteur. » Il précisait même « je n'avais de toute manière pas trouvé de chute finale intéressante. » En souriant, il ajoutait « il faut parfois savoir profiter des obsessions d'un riche. » Il faut croire son talent d'acteur meilleur que sa plume car il a répété une dizaine de fois ce speech. Lui qu'on ne voit jamais, pour une fois il a croisé presque tout le monde...

Madame : – Que va-t-il se passer ?

Le 1er adjoint : – Ils me poussent à demander sa démission. Ils m'assurent de leur soutien.

Madame : – Tu n'es pas d'ici !

Le 1er adjoint : – Je suis d'ici depuis seulement trois décennies donc ne peux pas devenir maire ! Dans une situation normale. Mais en période de crise...

Madame : – Tu ne vas quand même pas faire cela ?

Le 1er adjoint : – Jamais je ne lui demanderai de démissionner car nous ne pouvons pas nous permettre que je sois en très mauvais termes avec ton mari. Mais s'il démissionnait, ma candidature s'imposerait. Lui et moi avons presque le même âge, et même si je n'y suis pas né, j'ai vécu plus de jours ici que lui. Ce sera ma position. Si toutefois elle ne te dérange pas.

Madame, *après réflexion* : – Tu es l'homme de la situation. Mais oui, tu dois attendre. Tu pourrais ramener la paix dans ce village. Mais je le connais, il va se lancer à corps perdu dans la campagne du OUI. Il promettra tout ce qu'il pourra promettre.... J'entends la chasse d'eau...

Le 1er adjoint : – Je me sauve. À demain (*en souriant*), même lieu même heure.

Elle le regarde sortir, amoureusement.

Le maire rentre... Il se tient à la porte, la main droite crispée au cœur.

Le maire : – Mathilde, fais les valises. On part.

Madame : – Mais le fiston arrive, mon chaton. Et tu dois te reposer.

Le maire : – Fais les valises... Il a les clés... On lui laisse un mot.... Il sera chargé d'annoncer aux voisins la situation.... Il faut créer un électrochoc dans la population... donc nous partons.

Madame : – 29 mai 1968, le général de Gaulle disparaît, se rend à Baden-Baden.

Le maire : – Exact.

Madame : – Mais aucun Général Massu ne t'attend. Et tu ne résisteras jamais au moindre voyage, même à Colombey-les-Deux-Églises, pas même à Saint-Cirq-Lapopie.

Le maire : – Je vais gagner ! I can do it ! (*il lève le point... mais se crispe... retour de la main au cœur ; deux pas vers son fauteuil... sa femme l'aide à s'effondrer dans son propre fauteuil...*)

Toutes les tentatives pour s'exprimer du maire resteront vaines.

Madame, *en le regardant* : – C'est une crise cardiaque, l'infarctus du myocarde. Aucun doute.

Elle se rend près de la fenêtre, ouvre un tiroir, en sort une statue de Saint François d'Assise. Qu'elle va poser sur la fausse cheminée. Tout en fixant Saint François :

Madame : – Ici, si loin de l'hôpital... Si j'appelle le samu dans les 3 minutes, il y a une chance sur deux de le sauver. Si j'appelle le samu dans les 10 minutes, il y a une chance sur cinq de le sauver. Si j'appelle le samu dans les 15 minutes, il y a une chance sur vingt de le sauver.

Le maire et son épouse se regardent. L'animosité semble réciproque.

Madame : – Un tiroir ! Ce n'était vraiment pas la place de Saint François. Désormais, quoi qu'il arrive, il ne quittera plus son piédestal.

Madame : – Aucun défibrillateur au village. Il y en aura un quand nous aurons tous fusionnés. À la grande mairie, à 30 kilomètres d'ici, à côté de la piscine communautaire.

Madame : – Qui pourra vivre ici ? Il faut accepter le risque de la mort faute de secours rapides ! Je n'aurai pas peur de la mort quand elle viendra, car je me serai réconciliée avec la vie.

Le maire semble avoir perdu conscience.

Elle s'approche du téléphone, reste quelques secondes près de lui, le décroche. Elle appuie sur une touche.

Madame : – Je crois que le vieux a un problème... Tu veux bien revenir, j'aimerais avoir ton avis... On dirait qu'il s'est endormi... Soit sans crainte...

Madame, *pour elle :* – Monsieur le maire est indisposé, j'appelle son Premier adjoint, c'est bien la procédure appropriée...

Elle retourne près de Saint François. Sourire mystique...

Madame : – C'est ça, aussi, de travailler à la disparition des écoles et des structures médicales à la campagne... les enfants s'en vont et les vieux ne reçoivent pas assez rapidement les soins nécessaires...

Elle se déplace pour regarder par la fenêtre, va ouvrir la porte... Entrée du Premier adjoint.

Madame : – Sur mon fauteuil.

Le Premier adjoint se précipite, lui touche le visage, les mains, le poignet droit...

Le 1er adjoint : – Aucune réaction au toucher ni aux sons. Respiration inexistante.

Le 1er adjoint, *se tournant vers son amante* : – Même si ce sera inutile, il faut appeler le samu. Tu l'as fait ?

Madame : – Je t'attendais.

Le 1er adjoint, *réfléchissant, semblant comprendre la logique de cette attente* : – Tu as eu raison de m'appeler. Tu ne pouvais pas savoir que c'était aussi grave, c'est une crise cardiaque.

Madame : – Oh ! Une crise cardiaque ! Et nous sommes si loin de l'hôpital ! Si nous étions restés à Paris, il serait encore vivant... Mais je ne vais quand même pas regretter de l'avoir encouragé à revenir... tu me manquais tellement... (*elle se sert contre lui ; un peu surpris, il la prend finalement dans ses bras*)

Rideau-Fin

Scènes de campagne, scènes du Quercy

Est-ce ainsi que les ruraux vivent ?
Théâtre de situations

*Pièce de théâtre en onze tableaux
avec six hommes et quatre femmes,
distribution minimale 3H2F*

Un texte à jouer mais surtout à lire pour la qualité des dialogues, la compréhension d'une région, d'un pays.

Distribution minimale conseillée par l'auteur : trois comédiens et deux comédiennes.
Le texte est néanmoins jouable par deux hommes et une femme, avec une extrême dextérité des acteurs.

D'abord un vieux couple devant leur gîte rural. La femme redoute le projet de ligne à Très Haute Tension, l'homme reprend les arguments du notaire.

C'est devant ce même gîte qu'une vacancière s'exclamera « Avant, il était possible de vivre vraiment, en France. Tu travaillais quelques années, tu dépensais pas trop et tu pouvais vivre tranquille ensuite, en bricolant un peu. »

Me semble préférable la distribution : trois comédiens et deux comédiennes (H1, H2, H3, F1, F2).

Homme 1, H1 :
M. Dufric : la quarantaine bedonnante – Tableau 2, T4, T5, T6, T9.
Le jeune : la trentaine – T3, T8, T10.

H2 :
L'artisan du village : la cinquantaine – T6, T7, T10.
Un vacancier, la trentaine – T11.

H3 :
Dufric-conseil : la quarantaine, le frère de M. Dufric – T2.
Le vieux : environ soixante-cinq ans – T1, T3, T8, T10.

Femme 1, F1 :
La femme de l'artisan : la cinquantaine – T7.
La vieille : son épouse, quelques années de moins – T1.

F2 :
Mme Dufric : son épouse – T2, T4, T5, T6, T9.
Une vacancière, la trentaine – T11.

Tableau 1

Le vieux, la vieille, devant leur gîte rural, avec un magnifique pigeonnier.

Le vieux : - Bah ! Le temps qu'elle se fasse, cette ligne, le prêt sera remboursé.

La vieille : - Je te trouve bien optimiste aujourd'hui. Quand les gens vont savoir, je te parie ce que tu veux, plus personne ne viendra.

Le vieux : - Le notaire dit que ça ne changera rien.

La vieille : - Tu crois le notaire maintenant !

Le vieux : - D'après lui, les gens vont crier et quand elle sera faîte ils n'y feront plus attention. Il y en a partout, des lignes à Haute Tension et les gens vivent quand même.

La vieille : - Ils meurent surtout de cancers. Tu ne vas pas me dire que tu les crois, quand ils nous disent que ça n'a aucun effet sur la santé.

Le vieux : - Si ça ne tenait qu'à moi ! Mais qu'est-ce qu'on peut y faire ? Ils nous tueront tous.

La vieille : - En tout cas, même le notaire, il n'était pas rassuré, au Conseil Municipal, hier soir. Avec ses huit maisons qui lui restent sur les bras.

Le vieux : - Ce serait quand même bien qu'à force d'arnaquer les gens il boive le bouillon.

La vieille : - Penses-tu ! Il a les reins solides. C'est des millions qu'il possède, à la banque, depuis le temps qu'il achète des maisons à la moitié de leur valeur et les revend jusqu'au double.

Le vieux : - On aurait peut-être quand même mieux fait de tout vendre, plutôt que de faire ce gîte. T'imagines, toi, si personne ne vient !

La vieille : - Avec toutes les charges ! Je n'y survivrai pas !

Le vieux : - Ne t'inquiète pas pour des choses qu'on ne verra peut-être jamais.

La vieille : - Je m'inquiète, et toi tu me dis de ne pas m'inquiéter car on sera peut-être mort avant ! Qu'est-ce qu'on va laisser aux filles ? Des dettes !

Bruit d'une voiture.

La vieille : - V'la les bordelais. Ils l'ont eue pour rien, leur maison. Et en plus le toit est tout neuf.

Le vieux : - Le vieux s'est battu toute sa vie pour avoir une belle maison et ses enfants la vendent pour trois fois rien à des étrangers. Ah ! S'il avait imaginé ça !

La vieille : - C'est c'qui va nous arriver. Y'aura plus que des résidences secondaires et des chômeurs, ici.

Le vieux : - Et même pas cinquante personnes pour l'accompagner au cimetière. Un homme qui a toujours marché droit ! Ah !

Tableau 2

Monsieur et Madame Dufric devant leur nouvelle maison en pierres. Accompagnés du frère de Monsieur Dufric. Est visible : une voiture d'un modèle « français moyen voulant montrer sa réussite. »

Dufric-conseil : - Ça, vous pouvez me remercier ! Le jour où le marché va se retourner, tu vas faire une sacrée plus-value !

Mme Dufric, *en regardant son mari* : - On peut dire qu'il est avantageux d'avoir un frère dans les hautes sphères de l'E.D.F.

Dufric-conseil : - R.T.E, réseau du transport de l'électricité, ma belle-sœur préférée. Nous sommes désormais totalement indépendants de l'E.D.F., électricité de France.

M. Dufric : - Peu importe le nom, pourvu que tu nous éclaires.

Dufric-conseil : - Un jour il faudra que tu arrêtes avec cette blague ! Tout le monde ne peut pas être expert comptable !... Vous l'avez vraiment eue pour une bouchée de pain... Je regrette presque de ne pas l'avoir achetée !

M. Dufric : - Bin toi ! Tu n'en aurais pas assez des maisons !

Dufric-conseil, *très fier* : - Abondance de pierres ne saurait nuire.

Mme Dufric : - Et s'ils la font, la ligne à Très Haute Tension ?

M. Dufric : - Mais il faut être des ploucs pour craindre l'électricité.

Dufric-conseil : - J'y compte bien qu'on va la faire cette ligne ! Ce ne sont pas quelques ploucs qui vont nous détourner de notre historique mission d'irrigation du progrès dans toutes les contrées. Tout enfant qui naît en France a le droit de bénéficier de notre technologie de pointe.

Mme Dufric : - Je n'aimerais quand même pas que tu viennes me planter un poteau dans le jardin. Ce ne serait pas convenable.

Dufric-conseil : - Je te l'ai dit : le tracé définitif a été décidé en commission. Et il passe à plus de cinq cents mètres de votre nouvelle résidence de campagne. Tu ne la verras presque pas.

M. Dufric : - Je ne comprends pas pourquoi vous laissez faire tout ce remue-ménage ?

Dufric-conseil : - Le pays veut cela ! Il faut permettre aux gens de s'exprimer ! Tant qu'ils font ça, ils ne fomentent pas de révolutions ! Et ça permet à quelques petits notables locaux de se faire mousser ! Ça donne du travail aux médias ! Les français ont besoin de polémiques !

M. Dufric : - Que de temps perdu ! Il suffirait d'envoyer quelques excités en prison !

Dufric-conseil : - Mais les excités... Personne ne les verra ! Les médias influents sont naturellement de notre côté ! On leur achète suffisamment de pages de pubs ! Tu verras les articles ! Ils peuvent se réunir ! Le lendemain dans le journal, le compte-rendu donne la parole à nos amis, aux pro-THT. De toute manière, l'opposition est tenue en main par des petits notables auxquels il suffira de remettre une petite médaille pour qu'ils retournent leur veste... De toute manière, c'est comme ça maintenant, il faut faire croire aux gens qu'ils ont leur mot à dire. La participation ! Comme s'ils y connaissaient quelque chose, ces ploucs. Tu les as déjà vus, tes voisins ?

Mme Dufric : - J'ai cru visiter un zoo ! Si tu voyais leur tenue, aucun style !

M. Dufric : - Oh celle-là, il faudra que je la replace !... Tout est décidé... Mais tu nous feras quand même donner un beau pactole pour les « nuisances », comme on dit.

Dufric-conseil, *en souriant* : - Pardi ! Les cons qui te l'ont vendue ! Si un jour ils apprennent qu'on t'a donné le prix de vente comme dédommagement des « nuisances », comme ils bavent !

M. Dufric : - T'es vraiment le roi des magouilleurs !

Dufric-conseil : - Pardi ! Puisqu'on a un budget « dédommagements », on ne va quand même pas en faire profiter ces ploucs.

M. Dufric : - Ils ne sauraient même pas quoi en faire ! Ils ont des voitures, je croyais que ça n'existait plus que dans les musées.

Mme Dufric : - Mais tu es certain que ce n'est pas dangereux, la Très Haute Tension ?

Dufric-conseil : - Tu me vois, en pleine forme !

Mme Dufric : - Mais tu ne vis pas à côté d'une ligne !

Dufric-conseil : - Tu ne vas quand même pas écouter la propagande des ennemis du progrès. Toutes les études sérieuses démontrent qu'il n'y a aucun cas où l'exposition à une ligne à Très Haute Tension peut être considérée comme la cause d'une maladie. Qu'ils viennent nous le prouver, les brailleurs. Aucun cas je te dis.

M. Dufric : - De toute manière, s'il y en avait un, il serait classé secret défense !

Dufric-conseil : - Oh ! Comment tu nous considères ! Offre-moi plutôt le champagne ! Tu sais bien que nous prenons grand soin des populations, que nous sommes au service de l'indépendance énergétique de la France... Tu as bien vu, quand il s'agissait d'essais nucléaires, on ne les réalisait pas en France.

M. Dufric : - Oui, on va trinquer à la santé de ces héritiers qui ont déserté ce petit coin de paradis... J'en deviens poète quand je vois cette verdure. Le notaire m'a dit qu'il y a même un chêne bicentenaire. Ou un marronnier. Enfin, il y a un arbre bicentenaire.

Mme Dufric : - Et il faut plus de cent ans, pour faire un arbre bicentenaire, qu'il nous a précisé !

M. Dufric : - Un homme charmant, ce notaire. Le seul que j'ai vu pour l'instant dans ce pays. Je lui demanderai de me présenter l'américain.

Dufric-conseil : - On va trinquer au vieux qui serait dégoûté s'il savait. Il a trimé toute une vie pour que ses gosses se chamaillent et se laissent dévorer par le grand vautour ! C'est la vie !

Mme Dufric : - Je le dis toujours : quand on a des enfants, il faut absolument tout régler de son vivant, et surtout pouvoir leur transmettre à chacun une maison. Comme ça, maintenant, les enfants ont chacun leur maison pour plus tard.

Très fiers de leur réussite, ils avancent vers la porte de la maison.

Tableau 3

Devant son gîte, « Le vieux », avec « le jeune. »

Le vieux : - Ah ! Je regrette bien d'avoir fait tous ces travaux, bientôt plus personne ne viendra avec cette ligne.

Le jeune : - Je comprends maintenant, pourquoi la maison n'était pas chère ! Votre notaire m'avait affirmé « parce qu'elle est située près du cimetière, les gens souvent n'aiment pas. »

Le vieux, *en souriant* : - Ah le notaire ! Une fois qu'il peut prendre sa commission ! Si vous revendez, il sera content, ça lui en refera une !

Le jeune : - Il faut se battre. Cette ligne, si personne n'en veut, ils ne la feront pas.

Le vieux : - Vous êtes jeune ! Vous croyez qu'on peut se battre contre l'EDF ?

Le jeune : - Vous verrez, elle ne se fera pas !

Le vieux : - Je nous le souhaite. Mais vous avez vu, qui a racheté, en haut, le frère d'une grosse tête de l'EDF. Et discrètement, ils iront voir quelques agriculteurs qui pour avoir les primes signeront, laisseront implanter les poteaux. Ça se passe toujours comme ça !

Le jeune : - Pas toujours ! Personne n'en veut de cette ligne. Il faut mettre les élus devant leurs responsabilités. Je ne comprends toujours pas comment vous avez pu élire comme Conseiller Général un type pareil.

Le vieux : - Ah ! La politique ! Par ici, faut être du clan. Ils tiennent les maires, au département, avec les subventions. Le premier qui ose l'ouvrir, ils lui coupent les vannes.

Tableau 4

M. et Mme Dufric, un matin, au jardin, petit-déjeuner sous parasol.

Mme Dufric : - Je crois que je vais m'ennuyer. C'est trop calme.

M. Dufric : - Tu parles d'un calme ! Leur coq à ces ploucs m'a encore réveillé.

Mme Dufric : - Les joies de la campagne !

M. Dufric : - Mais c'est leur voiture qui descend (*il se lève pour observer*). J'ai au moins une heure. Sa vieille est avec lui... *(il sort de scène en vitesse)*

Mme Dufric : - Mais où vas-tu comme ça, chéri ? Tu n'as pas fini ton croissant. (*silence*) Qu'est-ce qu'il lui prend ? Il ne va quand même pas téléphoner à la S.P.A. pour leur demander d'intervenir ?... Enfin, je ne lui donnerais pas tort, s'il chante comme ça chaque matin, leur coq, c'est qu'ils doivent le traiter d'une manière peu convenable. Ou alors il téléphone aux gendarmes ?... Après tout, pourquoi pas. Ce n'est pas moi qui lui donnerais tort. Je ne vois pas pourquoi on laisserait un coq chanter alors qu'on peut se prendre un P.V. pour avoir klaxonné.

> *M. Dufric revient. En tenue de chasse, avec son fusil.*

Mme Dufric : - Mais que se passe-t-il, chéri ?

M. Dufric : - Tu n'as pas deviné ? Je t'ai connue plus perspicace. Alors, personne ne devine ?

Mme Dufric : - Oh ! Tu penses que c'est bien convenable ?

M. Dufric : - Tu ne vas quand même pas plaindre leur coq !

Mme Dufric : - Peut-être que si tu allais leur parler d'abord, ce serait plus convenable, ils le feraient peut-être taire leur coq.

M. Dufric : - T'y connais vraiment rien aux ploucs. On voit bien que tu n'as pas fait l'armée, toi. Si je vais leur parler, ils se fouteront de ma gueule et achèteront un deuxième coq. Les ploucs sont bêtes et méchants et surtout jaloux de la réussite des gens qui ont travaillé pour avoir ce qu'ils ont.

Mme Dufric : - Mais si quelqu'un te voit ?

M. Dufric : - Qui veux-tu qui me *voye* par ici ?

Mme Dufric : - Tu sais bien qu'on ne peut plus être tranquille nulle part.

M. Dufric : - De toute manière, je suis en état de légitime défense.

M. Dufric, très fier, sort un sachet d'une de ses poches et l'agite en souriant.

M. Dufric : - J'ai même pris un sachet. Tu devines pourquoi ? Ça t'évitera de devoir laver ma veste.

Mme Dufric : - Tu es vraiment le plus convenable des maris.

M. Dufric : - Ça nous fera un bon bouillon.

Mme Dufric : - Tu sais comment on fait du bouillon, toi ?

M. Dufric : - C'est toi la femme.

Mme Dufric : - J'ai toujours entendu dire que c'était avec une poule.

M. Dufric : - Si on peut le faire avec une poule, je ne vois pas pourquoi on ne le ferait pas avec un poulet.

Mme Dufric : - Tu as raison. Mais il faudra que j'achète un livre de cuisine. Je le ferai dimanche avec les enfants… Au fait… C'est un coq ou un poulet ?

M. Dufric : - Tu m'embêtes. De toute manière j'ai plus que des cartouches pour sangliers. Je crois que je vais lui butter le troupeau.

Mme Dufric : - Tu crois que ce serait convenable ?...

M. Dufric : - Ils l'ont bien cherché.

Mme Dufric : - Ce serait le coup du roi.

M. Dufric : - Ne dis pas des bêtises.

Mme Dufric : - C'est du Pagnol.

M. Dufric : - Toi et tes séries américaines ! Allez, j'y vais *(il sort)*.

Mme Dufric : - Je n'ai pas voulu répliquer. Ça n'aurait pas été convenable. Il se serait peut-être fâché. Il ne faut jamais contrarier un homme avec un tournevis dans les mains comme disait ma grand-mère. Qui plus est un fusil ! Et je ne vais quand même pas gâcher nos vacances pour si peu. De toute manière, ça n'a jamais été son truc, la littérature. Lui c'est les tableaux de financement. Chacun son truc. Mais enfin, ne pas connaître monsieur de Pagnol ! C'est pourtant un auteur classique, en plus un héros national, même la banque a émis un billet avec sa tête dessus, au grand Antoine de Pagnol... Dire que je l'ai appelé « mon petit prince »... *(elle sourit)* C'était y'a si longtemps !... Il aimait ça, que je l'appelle « mon petit prince ». Et il m'appelait « princesse »... Comme nous étions romantiques... Les jeunes ont tort d'avoir perdu le romantisme... Ils devraient le retrouver. Il suffit de le chercher. Comme c'est beau, le romantisme. Je devrais peut-être me remettre à lire des gros livres... Les journées passeraient plus vite... Oh non, tout ce qui s'écrit maintenant est tellement ennuyant que ça m'ennuierait encore plus...

On entend un coup de fusil. Mme Dufric sursaute.

Mme Dufric : - Oh ! J'aurais dû m'y attendre. Et pourtant, ça m'a fait sursauter. Comme ça va le faire rire (*elle rit*). Et comme les enfants vont rire… À moins que je garde tout ça pour moi ?… Ah ! Ils changent, mes enfants !… Ah ! S'ils avaient pu rester hauts comme trois pommes. Plutôt que de perdre de l'argent à confectionner des fusées alors que je n'irai jamais sur Mars, c'est ça qu'ils devraient inventer, des enfants qui restent enfants. Oh non ! Je crois qu'ils me lasseraient, à force. Un clone, ce serait mieux, un clone qu'on pourrait garder enfermé dans une pièce, à la cave, puisque nous avons une belle cave, pour en utiliser des morceaux quand un truc se met à déconner. Je devrais peut-être écrire un roman de science fiction. Je deviendrais riche et célèbre…

Retour de monsieur Dufric.

M. Dufric, *très chasseur triomphant* : - On peut dire qu'il n'a pas souffert. Il aurait fallu que tu *voyes* ça.
Mme Dufric : - Mais où est ton gibier ?
M. Dufric : - Va me chercher l'aspirateur. Y'a des plumes partout.
Mme Dufric : - Et tu vas le brancher où ?
M. Dufric : - J'utiliserai les piles.
Mme Dufric : - Oh chéri ! Un aspirateur à piles ! Voyons ! Ce n'est pas convenable !
M. Dufric : - Ma radio, je la branche sur le secteur mais je peux l'utiliser sur piles.
Mme Dufric : - On voit que tu n'as jamais utilisé d'aspirateur !
M. Dufric : - Il est beau le progrès ! On envoie des

hommes sur Mars et on n'est pas foutu de faire fonctionner un aspirateur avec des piles.

Mme Dufric, *en souriant* : - Chéri, l'aspirateur est un appareil ménager. Tu devrais écrire au service après-vente pour leur signaler ton besoin d'appareil à piles les jours où tu vas faire un carnage chez le voisin.

M. Dufric : - Madame se croit spirituelle. Hé bien, les plumes resteront où elles sont, le vent les emportera.

Mme Dufric : - Et on mangera quoi dimanche ?

M. Dufric : - Je croyais qu'on avait rempli le congélateur.

Mme Dufric : - Pour une fois que je me proposais de cuisiner comme ma grand-mère ! Hé bien ! Tu as raté l'unique occasion ! Peut-être qu'ensuite j'aurais même fait de la confiture, puisque nous avons des arbres fruitiers.

M. Dufric : - Tu ferais mieux de me féliciter, de me demander de raconter. On aurait dit un feu d'artifice ! Tu aurais aimé voir ça ! S'il en rachète un, on ira le butter un dimanche, pour que les enfants profitent du spectacle...

Tableau 5

Le salon, un soir d'orage. Eclairé à la bougie.

Mme Dufric, *seule, debout, inquiète* : - Ce serait trop bête de mourir dans sa résidence de campagne... J'en suis certaine, il n'y a pas de paratonnerre... Et personne n'a pensé à le demander à ce notaire... (*tonnerre, elle se signe quatre fois*) Ce serait trop bête, mourir dans sa résidence de campagne où l'on s'ennuie à mourir... C'est vrai qu'on ne peut pas faire autrement que d'y venir. Ça les fait tellement rager les voisines. Pauvres femmes qui doivent rester en ville le week-end... Rester en ville le week-end, comme c'est ringard... Qu'est-ce qu'elles donneraient pour être à ma place (*tonnerre, elle sursaute*) Mais où est cet idiot ! Comme si il va voir quelque chose dans le grenier ! Le fou, il va peut-être se faire attaquer par les chauves-souris... Si seulement il pouvait se tuer en descendant de l'échelle !... Avec l'assurance-vie... Oh ! Comme je serais heureuse à Saint-Tropez... Là au moins il y a des paratonnerres...

Son mari entre...

Mme Dufric : - Oh chéri, enfin, je m'inquiétais !... (*tonnerre*)

M. Dufric : - Mauvaise nouvelle des étoiles.

Mme Dufric : - Tu as vu des étoiles.

M. Dufric : - Il pleut, il pleut, bergère.

Mme Dufric : - Mais je sais, mais je sais. Ne joue pas sur mes nerfs avec des bêtises. Tu sais comment je suis nerveuse quand je me sens en danger.

M. Dufric : - Il pleut dans le grenier.

Mme Dufric : - Mais l'orage, il va s'arrêter ?

M. Dufric : - Il pleut dans le grenier. C'est une inondation (*tonnerre*).

Mme Dufric : - Appelle les pompiers.

M. Dufric : - Mais chérie, les pompiers, c'est en cas d'incendie.

Mme Dufric : - Justement, l'eau ça leur servira.

M. Dufric, *éclate de rire* : - Oh ! Je la replacerai celle-là.

Mme Dufric : - Ne te moque pas... Emmène-moi à l'hôtel.

M. Dufric : - Tu as déjà vu un hôtel dans ce patelin ?

Mme Dufric : - Oh mon Dieu ! Si seulement on pouvait se changer les idées en regardant la télé.

M. Dufric : - Tu vois, pour les télés aussi, il faudrait des télés à piles !

Mme Dufric : - Ne te moque pas ! Ne te moque pas ! Mes nerfs vont craquer... Et qu'est-ce qu'il fait ton frère ? Il ne pourrait pas nous rebrancher ?

M. Dufric : - Il t'a déjà expliqué ! Ce n'est plus de sa responsabilité !

Mme Dufric : - C'est toujours comme ça : c'est pas moi c'est les autres. Quel pays ! Et tu ne m'as toujours pas raconté...

M. Dufric : - Hé bien demain, tandis que je serai à la chasse, il te faudra nous trouver un artisan.

Mme Dufric : - Ah non ! Tu ne vas pas me demander de parler à ces gens-là.

M. Dufric : - Au téléphone, tu ne crains rien. Ils doivent bien avoir le téléphone, les couvreurs, dans ce pays.

Mme Dufric : - Je n'arriverai jamais à dormir.

M. Dufric : - Qu'est-ce que tu ferais sans moi !

Mme Dufric, *la réplique lui échappe* : - J'irais à Saint Tropez !

Tableau 6

Le salon, le lendemain.

Mme Dufric, *tourne en rond* : - Mais qu'est-ce qu'ils font ?... (*souriant*) Si c'était une femme j'aurais des doutes...

Entre l'artisan... M. Dufric suivra.

Mme Dufric : - Alors monsieur ?

Artisan : - Oh, on peut dire qu'il a souffert !

Mme Dufric : - Mon mari ? Qu'avez-vous fait à mon mari ?

Artisan : - Votre toit, pardi !

Mme Dufric : - Ah bien sûr !... Cet orage m'a perturbée... Rien de grave ?

Artisan : - Oh, vous avez le choix, on a toujours le choix dans la vie... Je peux vous le rafistoler pour trois fois rien... Mais au prochain orage, faudra réparer ailleurs...

M. Dufric : - Je ne comprends pas, le notaire nous a certifié qu'il était en excellent état.

Artisan : - Ah ! Si vous commencez à croire les notaires, vous êtes mal partis...

M. Dufric : - On a pourtant bien cru qu'il était honnête. Mon frère le connaît. Et il est premier adjoint au maire.

Artisan : - Oh ! Vous n'êtes pas les premiers. Je le connais bien, pardi !... Entre nous, c'est la pire des crapules. Et je suppose qu'il vous a demandé un petit pourcentage sans facture comme il dit, pour conclure l'affaire avant qu'un riche client qui achète de nombreuses maisons dans la région, ne vienne surenchérir.

Mme Dufric : - Vous croyez qu'il nous a menés en bateau ! Oh je m'en doutais, sa main était moite.

Artisan : - Les notaires, c'est les pires des escrocs. Je ne veux pas avoir l'air de vous donner des conseils, mais quand on achète une maison, surtout à la campagne, il faut toujours faire expertiser la charpente par un professionnel. À moins bien sûr qu'on s'y connaisse... Peut-être que monsieur est un spécialiste.

Mme Dufric, *s'exclame* : - Des plans comptables !

M. Dufric : - Oh, voyons... Je m'y connais naturellement pas moins qu'un autre... Comme un homme...

Mme Dufric, *répète :* - Comme un homme !

Artisan : - Tout le monde ne peut être spécialiste en tout. Moi, en comptabilité, je laisse faire ma femme.

M. Dufric est satisfait de cette remarque.

Artisan : - La charpente c'est comme tout, il faut faire appel aux gens de métier, sinon on risque quelques déconvenues.

M. Dufric : - Vous entendez, par déconvenues ?

Artisan : - Je vais prendre une image qu'on utilise parfois dans notre profession : votre toit, c'est du gruyère.

Mme Dufric : - Oh ! Râpé !... Ah, je comprends, vous parlez des trous.

Artisan : - Vous v'la avec un toit qu'il faut remettre en état... Le plus embêtant, c'est que ce n'est pas la bonne période.

M. Dufric : - C'est-à-dire ?

Artisan : - Le printemps arrive. Et au printemps, ici, vous savez bien...

M. Dufric : - Vous n'allez pas me dire que vous fermez.

Artisan : - Naturellement non ! Fermer, nous n'en avons pas les moyens. Quand on est son propre patron, on n'a pas de congés payés. On travaille 7 jours sur 7 et on n'a pas la retraite à 55 ans. En plus au printemps, nous sommes quasiment réquisitionnés par les riches étrangers qui veulent leur résidence secondaire nickel pour l'été.

M. Dufric : - Entre voisins, je vous fais confiance, vous trouverez bien quelques jours. Vous pouvez quand même nous faire un devis ?

Artisan : - Oh ça, pas de problème, la patronne s'en chargera ce soir si vous me laissez prendre les mesures... Mais il faudra vous décider rapidement... Vous comprenez, les anglais et les hollandais payent toujours d'avance. Je suppose que vous en ferez de même ?

M. Dufric, *après avoir regardé sa femme* : - Si c'est préférable.

Artisan : - Si vous y tenez, entre voisins, entre chasseurs, de manière exceptionnelle, je ne vous facturerai pas la TVA, on s'arrangera. Mais chut, c'est entre nous. Je sais bien que quand on vient d'acheter, c'est toujours désagréable de dépenser une fortune en réparations et surtout en TVA.

M. Dufric : - Ce sera déjà ça en moins. À première vue, cette petite affaire va s'élever à combien ?

Artisan : - Oh ! Y'a du travail ! Ça on peut dire qu'il y a du travail... Et si je ne me trompe, vous devez avoir un deuxième grenier, au-dessus des chambres... Il serait peut-être préférable de vérifier son état... Enfin, je dis ça, c'est pour vous... Vous pouvez réparer le premier cette année et attendre l'année prochaine pour le suivant, en espérant que d'ici là il n'y ait pas de grosses pluies. En août, les orages sont parfois mauvais dans le coin.

Mme Dufric : - Comme hier.

Artisan : - Oh hier... Ce n'était rien ! Si vos charpentes ne sont pas réparées en août, je vous conseille de ne pas rester en dessous un soir d'orage en août !

Mme Dufric : - Vous croyez que l'autre aussi ?...

Artisan : - Je ne l'ai pas vu, mais croyez-en mon expérience : quand la toiture est mauvaise au sud, elle est rarement dans un meilleur état au nord. Je dis ça, c'est pour vous. Parce que les toits, si ça commence à prendre l'eau, on en voit, des maisons, s'effondrer comme des châteaux de sable.

Mme Dufric : - Oh !

Tableau 7

Chez l'artisan, salon en pierres apparentes. Tout confort. L'artisan vautré dans un canapé cuir.

Artisan : - Il va le sentir passer, le parisien !

Sa femme : - Je croyais qu'il était bordelais.

Artisan : - C'est quoi la différence ?! Tu sais pas que la semaine dernière il a buté le dindon et les canards du vieux.

Sa femme : - Au fait, oui ! Mathilde me l'a raconté hier matin.

Artisan : - Tu diras, c'est bien fait pour sa gueule aussi à ce vieux singe. Avec des balles pour sangliers, il a pas chipoté le con. Qu'ils se tuent entre eux et on sera bien débarrassé.

Sa femme : - Et tu vas lui faire ses travaux ?

Artisan : - Des travaux comme ça ! J'en veux bien tous les jours ! Il a une tuile fendue (*il se tape sur les fesses puis boit cul sec un Ricard*) ! Une tuile fendue et un peu d'eau s'est infiltrée, sa latte, pardi, a fini par casser ; et tout le reste est nickel ! Je vais lui changer ses deux toitures !

Sa femme : - Oh ! S'il s'en aperçoit !

Artisan : - S'en apercevoir ! Un bureaucrate qui n'a jamais vu un toit ailleurs que sur photos. Et de toute manière, il paiera d'avance ! Et en liquide.

Sa femme : - Tu vas lui changer toutes les boiseries.

Artisan : - Hé pardi ! J'aime le travail consciencieux ! Je suis un bon français ! Je lui échangerai sa toiture avec celle de l'amerloque. Ils seront tous les deux contents et ça nous fera de quoi terminer la maison du fiston.

Sa femme : - Laquelle ?

Artisan : - Bin pardi ! La grande.

Sa femme : - Ils sont cons ces gens des villes, mais comment on s'en sortirait sans eux !

Artisan : - On s'en sortirait mieux si l'Etat ne nous rackettait pas ! Cette TVA, ces taxes, ces assurances.

Sa femme : - On aurait peut-être dû l'acheter, cette maison.

Artisan : - Tu n'y connais vraiment rien aux affaires. Quand la ligne à Haute Tension y sera, ils vont tous revendre, et on les aura au prix du ciment.

Sa femme : - Tu crois vraiment qu'ils vont la faire cette ligne.

Artisan : - Et pourquoi ils ne la feraient pas ?

Sa femme : - Les manifestations.

Artisan : - Les manifestations ! Mais t'y connais vraiment rien ! 5000 pecnots à Cahors. On est 100 fois plus le 1er mai.

Sa femme : - Ne compare pas Cahors et Paris... Et n'exagère pas !

Artisan : - Quoi ? J'exagère maintenant !... Mais tu me cherches, toi, ce soir !... Tu vas quand même pas te mettre à croire ces journaleux. Je te dis qu'on était au moins 500 000. Vivement qu'on soit au pouvoir, et ils comprendront, tous ces gratte-papiers.

Sa femme : - Ne t'énerve pas.

Artisan : - Un million. Un million qu'on sera cette année. Et là ils seront bien forcés de nous le donner, le pouvoir.

Sa femme : - Il y a quand même des élections.

Artisan : - Qui te dit que c'est pas notre tour cette fois, et tu vas voir, tous ces cols blancs payés à glander. Tu sais pas que c'est un cadre, l'autre aveugle... Il faut que je réclame maintenant... Où tu as les yeux (*il tend son verre, sa femme se précipite sur la bouteille pour lui verser un nouvel apéritif... Il arbore le sourire du mâle triomphant*).

Tableau 8

Devant son gîte, « le vieux », avec « le jeune. »

Le vieux : - Je vous le dis comme ça, entre nous… À la mairie, ils ne sont pas contents… Vous devinez pourquoi ?

Le jeune : - Parce que je n'ai pas planté de fleurs ?

Le vieux : - Vous êtes la seule maison où il n'y avait personne à l'enterrement du notaire. Même les bordelais et les américains y étaient.

Le jeune : - En quoi ça regarde le Conseil Municipal ?

Le vieux : - Si un jour vous demandez un bout de terrain, ce sera niet !

Le jeune : - C'est entre Dieu et moi !… Je n'allais quand même pas me déplacer pour un notaire qui a essayé de m'arnaquer !

Le vieux : - Oh ça ! Vous n'êtes pas le seul mais il était premier adjoint et sa fille le remplacera.

Le jeune : - Ce n'est pas à l'honneur de la municipalité ! Et de toute manière aucune des catégories ne me convenait !

Le vieux : - Des catégories ?

Le jeune : - La première, la plus restreinte, sa fille et pas grand monde, qui semblaient réellement meurtris, la seconde, un peu plus nombreuse, avec ceux qui s'inventaient du chagrin pour bien le montrer, et la troisième, où l'immense majorité ne se cachait pas d'être là uniquement pour qu'on ne puisse pas dire qu'ils n'y étaient pas !

Le vieux : - C'est toujours comme ça.

Le jeune : - Gamin j'étais enfant de cœur, aujourd'hui j'aperçois la place du cimetière de chez moi. Les générations passent, le rapport à la mort des voisins demeure.

Le vieux : - Sa fille a dit des choses qui ne se disent pas.

Le jeune : - C'est entre nous.

Le vieux : - Faites attention à votre chat.

Le jeune : - Pauvre fille ! Si elle savait ! La majorité de ceux qui ont écrit leur nom dans le carnet de condoléances méprisaient son père !

Le vieux : - Oh ça, on peut dire qu'il n'était pas apprécié. Pourtant il n'y avait jamais eu autant de monde pour un enterrement.

Le jeune : - Vous y croyez, vous, qu'il est mort d'un coup de sabot ?

Le vieux : - Ah ça ! Avec le Conseiller Général, ce n'était pas la première chose pas claire qu'ils faisaient, ce centre équestre.

Le jeune : - Ce n'est pas à son âge qu'on commence à faire du cheval.

Le vieux : - La vérité, on ne la connaîtra jamais.

Le jeune : - Encore une bonne affaire pour les veillées du soir !

Le vieux : - Ah ! J'aimerais bien les revoir les veillées. Mais un à un les vieux disparaissent.

Le jeune : - Et les jeunes ne deviennent pas tous vieux !

Le vieux : - C'est inquiétant quand les enfants meurent quelques années après leurs parents. Le notaire est hors catégorie mais vous avez remarqué comme moi, les trois derniers n'ont pas dépassé 75 alors que leurs parents avaient plus de 90.

Le jeune : - Tchernobyl, nitrates, pesticides et autres pollutions. Tout nous retombe dessus. Et notre organisme n'est pas fait pour supporter longtemps un pareil cocktail.

Le vieux : - Ils nous tueront tous.

Le jeune : - Ils se tuent aussi ! Assassins et idiots !

Tableau 9

M. et Mme Dufric devant leur maison.

Mme Dufric : - Ah non, je n'entre pas.

M. Dufric : - Bah ! Tu devrais être habituée. Ce n'est que la troisième fois !...

Mme Dufric : - Si ça te rend philosophe, tant mieux pour toi. Mais moi, non, c'est fini. Cette porte fracturée, je vais la revoir tous les jours dans mes cauchemars. Ramène-moi chez nous.

M. Dufric : - On ne va quand même pas se laisser impressionner. Les journaux ont beau parler des jeunes de Toulouse ou Montauban qui se font des petites virées, visitent les résidences secondaires, je n'y crois pas.

Mme Dufric : - Tu as des soupçons ? Tu as relevé des indices ?

M. Dufric : - Pour te le dire plus clairement, ils n'ont pas besoin d'autoroutes nos cambrioleurs ! Ça ne m'étonnerait pas que ce soit des gens d'ici.

Mme Dufric : - Oh ! Tu crois ! Je ne comprends pas pourquoi ils ne nous aiment pas !

M. Dufric : - Les ploucs sont idiots et méchants.

Mme Dufric : - On devrait revendre et acheter à la mer. Y'a même pas la mer ici.

M. Dufric : - Tu le savais avant. En attendant, je vais quand même téléphoner aux gendarmes. Et je vais leur parler de mes soupçons.

Mme Dufric : - Tu crois qu'ils vont t'écouter ?

M. Dufric : - Hé pourquoi ils ne m'écouteraient pas ! Et s'ils ne m'écoutent pas, je mènerai l'enquête à ma manière, avec le frangin.

Mme Dufric : - Oh lui !

M. Dufric : - On aurait pu faire carrière dans la

police, lui et moi. Mais ça ne paye pas et on n'a même plus le droit de tirer !

Il prend son portable...

M. Dufric : - Quel pays d'attardés ! Ça ne passe toujours pas. J'ai pourtant écrit à la mairie pour leur signifier expressément que le portable m'est indispensable.

Mme Dufric : - Cette maison ne nous sert à rien. Les enfants ne veulent plus venir.

M. Dufric : - Avec tout ce qu'elle nous a coûté, il faut quand même qu'on en profite. Je te le dis, on ne va pas se laisser intimider.

Mme Dufric : - Il s'est bien foutu de nous, le notaire. Et ton frère aussi !

M. Dufric se retourne, rentre dans la maison.

Mme Dufric : - Alors qu'on venait ici pour se faire des amis, qu'on est arrivé avec les meilleures intentions du monde, ces ploucs sont vraiment des gens méchants... Tout ça parce qu'on est riche. Mais on ne l'a pas volé, notre argent. Qu'ils travaillent plutôt que de nous jalouser.

Tableau 10

Devant son gîte, « le vieux », avec « le jeune. »
Quelques années plus tard.

Le vieux : - Quand j'étais jeune, à la pelle, qu'on en ramassait, des écrevisses. Des malines aussi. On appelait ça des malines, des petits poissons d'une dizaine de centimètres.

Le jeune : - Il aurait pourtant suffi d'interdire les engrais et les pesticides le long du ruisseau.

Le vieux : - Que voulez-vous ! Ils ont tout détruit. Les agriculteurs étaient majoritaires au Conseil Municipal.

Le jeune : - Et le fils du maire a succédé au maire !

Le vieux : - Il n'est pas pire que les autres ! Plus les fermes grossissent, plus ils détruisent. C'est facile de ne pas se tromper : au recensement de 1970, il y avait 70 fermes au village. Il en reste 4.

Le jeune : - Les 4 gagnants du pactole. Et un jour ils obtiendront des subventions pour ne plus polluer.

Le vieux : - Des subventions pour polluer, des subventions pour ne plus polluer, ça fait deux fois des subventions.

Le jeune : - Et les subventions pour faire semblant de dépolluer, leurs fils les obtiendront ! Et pour arrondir leur pactole, il leur suffit de vendre quelques mètres carrés en terrain à bâtir. Ils ont eu les terres pour trois fois rien avec leur Crédit Agricole et leur Safer, et maintenant ils sont les rois des campagnes.

Le vieux : - J'aurais bien voulu acheter quelques hectares autour de chez moi, le vieux était d'accord pour me les vendre mais la Safer est intervenue et il les a vendus moitié prix. Ecraser les petits, permettre aux gros de grossir. Une mafia. Et maintenant, les pesticides, c'est pour ma poire.

Le jeune : - Les agriculteurs sont devenus des industriels, vous allez voir, le prix des céréales, des fruits, du lait, ça va flamber. Vendre en gagnant peu durant quelques années pour éliminer la concurrence et ensuite imposer ses prix, le piège était évident et les politiques ont approuvé pour être tranquilles.

Le vieux : - Et qui c'est qui doit toujours payer !

Le jeune : - Si ça continue, on sera tous imposables à l'Impôt sur la Fortune !

Le vieux : - Ah ! Depuis qu'ils ont abandonné leur projet de ligne, les gens sont fous ! Ils veulent tous leur résidence secondaire ici.

Arrive l'artisan.

Artisan : - Alors, les retraités !

Le vieux : - Tu viens voir si les nouveaux propriétaires veulent refaire leur toiture ? (*l'artisan serre les mains*)

Artisan : - Depuis qu'ils ont vendu, les bordelais, tu ressors tes bêtes !

Le vieux : - C'est moi qui ai le plus eu à m'en plaindre.

Artisan : - Ah ! Si j'avais étouffé ma femme au lieu de l'écouter, on ne les aurait jamais vus par ici, ces bordelais. Je voulais l'acheter, elle m'avait répondu « *t'arriveras jamais à la revendre.* » Avec un coup comme ça, j'aurais pu arrêter de travailler, maintenant va falloir que je trime jusqu'à 70 ans.

Le vieux : - On ne fait pas toujours c'qu'on veut dans la vie.

Artisan : - Avoir travaillé toute une vie, droit, honnête et voir son fils fumer du shit, comme il dit, du matin au soir, même à mon pire ennemi, je ne le souhaiterais pas.

Le vieux : - On ne fait pas toujours c'qu'on veut dans la vie.

Artisan : - J'vais voir c'qui veulent, ces hollandais (*l'artisan part*).

Le vieux : - Eh pardi ! Son fils a toujours eu tellement d'argent devant les yeux, qu'un jour il s'est acheté de la drogue ! Vous le connaissez ?

Le jeune : - C'est la première fois depuis que je suis ici, qu'il me dit bonjour, votre artisan. Et encore, un bonjour guère cordial ! Au début, deux fois je lui ai fait signe, il m'a regardé comme si j'étais une BDV, une bouse de vache ! Je ne savais même pas qu'il avait un fils.

Le vieux : - De toute manière, ces gens-là, je ne vous les conseille pas, ils ne peuvent qu'attirer des ennuis. Si vous arrivez à vous débrouiller tout seul pour faire vos travaux, c'est encore la meilleure solution. Une fortune qu'il lui a volé, à ce bordelais. Et vous savez que je ne l'ai jamais aimé.

Le jeune : - Quand vous me disiez, ça doit être le jeune du Pech qui les a cambriolés, pour s'acheter de la drogue, c'était de son fils que vous parliez ?

Le vieux : - Mais chut, c'était entre nous. Il paraît que les gendarmes ont retrouvé ses empreintes, alors son père a dit qu'il était venu l'aider pour réparer la toiture. Mais tant qu'il n'aura pas ruiné ses parents, il ne travaillera pas celui-là.

Le jeune : - Le père a passé sa vie à arnaquer les gens et il vivra assez vieux pour voir son fils tout dilapider, c'est assez moral !

Tableau 11

Assis presque face à face, l'homme regarde le gîte, la femme la vallée (le public donc).

La vacancière : - Y'a même pas dix ans, ici, pour une bouchée de pain, t'avais une maison, des belles pierres à rénover. Pas un château, pas une superbe propriété avec piscine mais quelque chose d'habitable. Y'avait des centaines de coins comme ça en France. Mes parents s'achetaient des grosses voitures qui valaient plus que ces maisons et maintenant ils se plaignent de toujours être en location et de vivre en ville. Et nous, on rêve devant des murs qu'on ne pourra jamais se payer.

Le vacancier : - On s'est rencontré trop tard.

La vacancière : - Avant, il était possible de vivre vraiment, en France. Tu travaillais quelques années, tu dépensais pas trop et tu pouvais vivre tranquille ensuite, en bricolant un peu.

Le vacancier : - C'est fini tout ça.

La vacancière : - J'en suis certaine, tout ça, ce n'est pas du hasard. Ça les emmerdait, les friqués, les du-gouvernement, qu'on puisse vivre autrement qu'eux. Alors ils ont tout fait pour que les étrangers achètent en France. Comme ça, l'immobilier a flambé et maintenant, même pour acheter une ruine, il faut être totalement intégré, salarié avec patte blanche pour plaire au banquier qui te tiendra des décennies.

Le vacancier : - On s'est laissé piéger.

La vacancière : - Y'a plus qu'une chose qui puisse nous sauver, c'est malheureux mais c'est comme ça : la grippe aviaire, avec des millions de morts.

Et alors les maisons durant quelques années se revendront pour trois fois rien.

Le vacancier : - Je préfère encore vivre dans une caravane que prendre le risque d'une grippe aviaire ! Tu vas voir, dans quelques années, on sera des millions à vivre dans des caravanes, dans ce pays.

La vacancière : - Mais ça ne change rien au cycle historique : il y a toujours eu accumulation par une minorité et « la civilisation », comme ils disent dans les livres, s'effondrait. La guerre ou la peste venait remettre les compteurs à zéro et les survivants recommençaient. Nous aurons encore des guerres, nous aurons encore des pestes, la grippe aviaire n'est qu'une forme de peste, la seule différence, c'est le nucléaire. La prochaine fois, les survivants ne seront peut-être plus en état de recommencer.

Le vacancier : - Tu arrives à vivre, avec autant d'idées noires dans ta tête ?

La vacancière : - J'essaye de comprendre le monde. Comprendre avant d'agir.

Le vacancier : - Ou alors, ces résidences secondaires, si on revenait en septembre les squatter ?

La vacancière : - Mais oui ! Mais tu viens d'avoir l'idée du siècle ! Demain on ouvre un site internet pour lancer le mouvement des squatters de résidences secondaires (*de plus en plus enthousiaste*) et ils ne pourront rien faire contre nous car on leur montrera qu'il est mensonger de prétendre qu'il manque un million de logements en France. C'est juste qu'un million de logements sont fermés et que les clés sont dans des poches de friqués. Donc il faut passer par les fenêtres.

Le vacancier : - Attends, c'était juste pour dire de causer. Je suis bien dans une caravane, moi ! Mon père a voulu la faire, la révolution, tu as vu où ça l'a mené ?

La vacancière : - Mes parents l'ont vécue, la vie de merde bien tranquille, tu as vu où ça les a menés !

Rideau - Fin

Les villages doivent disparaître !

13   70% du pays favorable à la fusion des petites communes...

15   Combien de ruraux reste-t-il ?

20   Si les villages fusionnent...

21   Qui sont les ruraux ?

25   Le critère du nombre d'habitants au km2

27   500 000 conseillers municipaux bénévoles "écartés"...

28   La disparition des communes est bien le but

29   Les bouseux doivent disparaître...

31   Nos ruralités, une chance pour la France

33   Vivre à la campagne...

35   La commune nouvelle, c'est fantastique !

37   Comment vivre à la campagne ?

38   Etre chômeur à la campagne

39   Loi du 16 mars 2015

41   Créer une commune nouvelle

46   La dotation d'Etat aux communes

53   Face aux élus des villes, la chanson rurale...

56   Les débats parlementaires 2014 - 2015...

     56   Assemblée nationale, Première séance du vendredi 31 octobre 2014

     83   Sénat, 15 décembre 2014

     93   Assemblée nationale : discussion en séance publique. Mercredi 11 février 2015.

    111   Sénat : discussion en séance publique du mercredi 4 mars 2015

127 Projet de loi adopté par l'Assemblée nationale
le 10 mars 2015

130 Servir l'intérêt général ?...

138 Le Dégoût, chantait Alain Souchon

139 Clans, clientélismes

142 Sylvia Pinel, ministre de la ruralité...

148 Les baronnies...

149 L' intercommunalité...

155 Le petit empereur veut fusionner les villages
Théâtre de circonstance

193 Scènes de campagne, scènes du Quercy
Est-ce ainsi que les ruraux vivent ?
Théâtre de situations

Mentions légales

Tous droits de traduction, de reproduction, d'utilisation, d'interprétation et d'adaptation réservés pour tous pays, pour toutes planètes, pour tous univers.

Dépôt légal à la publication au format numérique du 10 mai 2015.
Imprimé par CreateSpace, An Amazon.com Company pour le compte de www.ternoise.net

ISBN 978-2-36541-660-3
EAN 9782365416603

Les villages doivent disparaître ! (Communes nouvelles 2015 ou fin de la ruralité) de Stéphane Ternoise

www.ingramcontent.com/pod-product-compliance
Lightning Source LLC
Chambersburg PA
CBHW062052270326
41931CB00013B/3042

A COLLECTION OF ARTICLES REVEALING

AMERICA'S FAR LEFT
SOCIALIST
REVOLUTION

DEFUNDING POLICE
LATE TERM AND AFTER BIRTH ABORTIONS
REMOVING THE 2ND AMENDMENT
IMMEDIATE CITIZENSHIP TO CRIMINAL, ILLEGAL ALIENS
MAKING PUERTO RICO A STATE

The far left socialist assault on our American Traditions focusing on our Judeo-Christian values, our Constitution and destroying the credibility of our Forefathers! They are anti-God and want to destroy what made America the envy of the world. Their diabolical plan has been slowly implemented for many years. They removed prayer from public schools, our pledge of alliance and the court room. They must be confronted and defeated for our country to survive.

Charles S. Togias

Special thanks to Maria Lichterman

Love always to my late great parents
who always taught that
Love is Discipline and Discipline is Love.
You can't have one without the other!

Paperback ISBN: 978-1-7329040-6-4

TABLE OF CONTENTS

Authors Observations 1

Introduction to Americas Challenges from Far left Haters 9

Washington's Selective Condemners Continually Exposed 13

Israel our valued friend 17

Immigration and the big con! 21

Selective Condemners Washington Style..25

Abortion/Abortionolics legalization is America's modern day Holocaust .29

Washington, DC Mafia 33

Terrorism 37

Abortion-America's modern day holocaust 41

Wake up America 45

Mentality: Lawyer vs. Business and Washington, DC 49

Unparalleled hatred from our far left ruling class 53

China's Undeclared World War in the form of a pandemic 57

Main stream media and their far left supporter's agenda
of collusion and deception 61

America's media and far left politicians are a team focused on Trump's
removal 65

The evils of socialism/communism (void of God)..............................71

Very easy solution to end Coronavirus shut down 75

America's trials and tribulations because of the far left socialist
doctrine/invasion! 79

Americas Deception Media Style 83

Joe the genius Biden and his selective outrage 89

CHARLES S. TOGIAS

TABLE OF CONTENTS

ALL LIVES MATTER 93

Far lefts continual Political Outrage is their version
of Smoke and Mirrors 97

Journalism's Far Left Radical Agenda
will lead to Americas Destruction 101

Today's Political Underworld and its Focus to Destroy America 105

The Squad of Washington, DC and the Continual Con of America 109

Secular Anarchists at War with America 115

Americas Enemies From Within 119

Democratic Marxists Leaders beyond Hypocritical 125

Political Selling of Souls...Money is the Root of Their Evil 129

Marketing of a Name versus the Doctrine... (Smoke and Mirrors) 137

Smoke and Mirrors Biden Style.. 141

The United States of Cuba 2020.. 145

Collusion that will Change and Destroy America 151

Socialist, Marxist Communist (SMC) Democratic Style........................ 157

China the Evil Empire and its Step and Fetch It Followers 165

Washington's Evil Selective Condemnation............................... 173

Communist China — The Evil Anti-God Empire 177

Lawyers and Washington DC...Co-Conspirators in Crime.................... 185

Washington's Righteous Secular Outrage a Complete Con-Game 189

Communist? Marxist? Socialist? Democratic Party! 195

Authors Recap 201

Authors Bio 207

CHARLES S. TOGIAS